Hanna Zakarias
Père Gabriel Théry

L'Islam
et la
Critique historique

La fin du mythe mulsulman

et l'accueil fait aux ouvrages d'Hanna Zacharias

the Savoisien & Baglis

DU MÊME AUTEUR

Vrai Mohammed et faux coran – Nouvelle Éditions Latines.
De Moïse à Mohammed ; l'islam, entreprise juive. 1955

Tome I
  Livre 1 - Conversion de Mohammed au judaïsme.
  Livre 2 - Les enseignements à Mohammed du rabbin de La Mecque.

Tome II
  Livre 3 - Composition et disparition du Coran arabe original et primitif.
  Livre 4 - Lutte du rabbin de La Mecque contre les idolâtres et les Chrétiens.

Tome III - *Édification de l'Islam arabe* ; Ed. du Scorpion. 1963
  Livre 5 - Les matériaux qui entreront dans l'édification de l'Islam arabe.
  Livre 6 - L'Islam arabe en formation. Les arcs-boutants : Infidèles, Juifs, Chrétiens.

Tome IV - *Epilogue* ; Ed. du Scorpion. 1965
  Livre 7 - Mohammed en plein épanouissement.
  Livre 8 - L'Islam en marche. La guerre. La reconquête de la Kaa'ba.

Une présentation du Père Gabriel Théry.

Copyright Nouvelles Éditions Latines, Paris, 8 septembre 1960
1, rue Palatine — Paris VIᵉ
IMPRIMERIE RÉUNIES — RENNES

Première édition numérique 15 décembre 2013

the Savoisien & Lenculus

Exegi monumentum ære perennius

Un Serviteur Inutile, parmi les autres

SCAN, ORC, CORRECTION, MISE EN PAGE

22 Septembre 2019

LENCULUS †(2016) & BAGLIS

in memoriam

Tous droits de traduction et de reproduction réservés pour tous les pays.
Pour la Librairie Excommuniée Numérique des CUrieux de Lire les USuels

PRÉFACE
DE L'ANCIENNE ÉDITION

Hanna Zakarias, comme chacun le sait — au moins parmi ses lecteurs —, nous a quittés, le 27 janvier 1959, pour un monde meilleur. Mais il n'a pas emporté le fruit de ses recherches. Son travail était assez avancé pour nous permettre d'en envisager l'édition, après avoir comblé quelques lacunes et ajouté quelques études qui constitueront des points d'appui plutôt que des éléments essentiels.

Certains adversaires redoutaient déjà, du vivant d'Hanna Zakarias, la publication de cette seconde partie de la critique historique du « Coran ». Ils déploreront que l'exégèse des sourates médinoises des *Actes de l'Islam* n'ait pas été ensevelie avec son auteur.

Mais il y a tant de lecteurs qui attendent cette étude avec autant d'impatience que de sympathie, et pour les meilleures raisons !...

La correspondance (observations, critiques, suggestions) est toujours reçue à la même adresse :

Hanna Zakarias, Boîte Postale n° 46, Cahors (Lot).

Cahors, le 24 mars 1960.

CHAPITRE PREMIER

LE VRAI MOHAMMED ET LE FAUX CORAN [1]

C'est à la fin de 1955 que je terminais la correction des épreuves de deux volumes intitulés :

L'*Islam, entreprise juive*, tome I :
De Moïse à Mohammed
  Livre 1. – *Conversion de Mohammed au judaïsme* ;
  Livre 2. – *Les enseignements à Mohammed du rabbin de La Mecque*, 355 pages.

L'*Islam, entreprise juive*, Tome II :
De Moïse à Mohammed
  Livre 3. – *Composition et disparition du Coran arabe original et primitif* ;
  Livre 4. – *Lutte du rabbin de La Mecque contre les idolâtres et les Chrétiens*, 366 pages [2].

Pour des raisons que j'expliquerai dans quelques instants, j'ai voulu garder, en éditant ces volumes, la plus grande discrétion possible. C'est ainsi que je résolus de remettre à quelques années la mise en vente publique de ces ouvrages. Je me bornai à lancer quelques rares prospectus à des personnes dont je connaissais la sympathie, et je laissai agir le temps.

---

1 — Ce sera le titre de ma *Vie de Mohammed*.
2 — Ces deux volumes sont en vente chez l'auteur, B. P. 46, Cahors, Lot, France.

« Que le fruit de ces longues méditations parte donc loin de nous ! », écrivais-je à la fin de la préface de mon premier volume (3).

« Comment sera-t-il goûté ? Dieu seul le sait. De prime abord, chez les musulmans et chez les érudits occidentaux bien sagement conformistes, on criera au scandale et à l'impiété. Si nous sommes dans la vérité, Dieu donnera à ce fruit la saveur qui permettra de le faire apprécier. Le succès de la vérité appartient au Très-Haut. Dans notre âme et conscience, c'est la Vérité, l'unique Vérité que nous avons recherchée. »

Dans cette recherche de la Vérité, je me suis imposé une ascèse, l'ascèse la plus dure : celle de la liberté, adoptant la pure méthode de la recherche, de l'analyse et de l'exégèse désencombrée de toutes les sottises accumulées depuis des siècles sur le thème : Islam. Et c'est dur, souvent très pénible, de soulever des siècles d'ignorance et de bluff pour se retrouver à l'air libre, respirant à pleins poumons. Cet effort, je l'ai accompli pendant des années de méditation silencieuse et d'analyses de textes. Mes conclusions étonnent les historiens qui n'ont jamais pu sortir des ornières séculaires au fond desquelles gît un Islam de pacotille, de cartes postales, d'imagination, et d'invraisemblances véritablement insensées.

Parti d'une analyse de textes, sans *a priori* sans aucune ambition, j'ai été amené à des conclusions révolutionnaires en matière islamique. Vous en connaissez maintenant les principaux thèmes. Ces conclusions, je me refuse, en honnête homme, à les présenter comme des hypothèses. Elles ont à mes yeux valeur de certitude, quoi qu'en puissent dire les coranisants submergés par un flot de littérature, toute de fantaisie, dont ils n'ont pas su ou pu se dégager.

Il n'y a qu'un Coran, un seul livre de révélations : c'est le Coran de Moïse, reproduisant les révélations faites par Yahwé sur le Mont Sinaï. C'est le seul Coran original, complété au cours des siècles par les *Livres Historiques*, les *Livres Sapientiaux*, les *Livres Prophétiques*, constituant la *Bible*. Ce Coran comprenant environ trente mille versets, rédigés en hébreu, sauf quelques rares exceptions, est le seul livre religieux de l'humanité jusqu'à l'arrivée du Christ. Et le Christ est venu, sans aucune mauvaise intention, nous dit-il. Il ne vient pas pour renverser le

---

3 — H. ZAKARIAS : *De Moïse à Mohammed*, t. I, p. 20.

passé, pour renier Moïse. Non ! Les chrétiens ne feront que compléter l'*Ancien Testament* en y ajoutant *les Évangiles, les Actes des Apôtres*, et *les Lettres*. Pour les chrétiens, *la Bible* se compose maintenant de deux parties : l'*Ancien Testament*, juif, et le *Nouveau Testament*, chrétien, le Nouveau s'ajoutant à l'Ancien pour le compléter, l'Ancien et le Nouveau représentant chronologiquement les différents messages donnés par le même Dieu à l'humanité. Pour nous, chrétiens, il n'y a qu'une *Bible*, qu'un *Livre*, qu'un *Coran*, livre de lecture religieuse révélé par Dieu aux hommes, et ce livre se compose de deux parties : la partie de Moïse, la partie de Jésus.

Pourquoi les Juifs, qui, les premiers, ont reçu le message de Dieu, n'ont pas compris que les Évangiles n'étaient et ne pouvaient être qu'un complément du *Pentateuque*, et que, en accueillant le Christ dans leurs synagogues, ils n'avaient point pour autant à en expulser leurs grands patriarches que nous, chrétiens, nous accueillons comme nôtres ? Le peuple de Dieu se scinda en deux grandes familles qui, après avoir vécu quelque temps unifiées, en arrivèrent à se combattre. Triste malentendu qu'il nous appartient, à nous Juifs et chrétiens du XXe siècle, d'essayer de résorber dans une unification qu'il ne paraît pas impossible de réaliser. Pour les Juifs, le *Coran* ne comprend donc que l'*Ancien Testament* ; pour les chrétiens, ce *Coran* hébreu se complète par les livres révélés du *Nouveau Testament*. Complément, non contradiction :

« *Par le Christ et dans le Christ, nous sommes de la descendance d'Abraham.* »

Proclamait Sa Sainteté Pie XI, le 6 septembre 1938, en recevant des pèlerins belges qui lui avaient offert un missel.

« *Non, il n'est pas possible aux chrétiens de participer à l'antisémitisme... L'antisémitisme est inadmissible. Nous sommes spirituellement des sémites.* (4) »

---

4 — S. S. Pie XI proclame que les catholiques sont spirituellement des sémites ; mais il n'est pas question d'identifier ici *sémites* et *arabes*. Les catholiques sont spirituellement des sémites, mais nullement des arabes. Beaucoup de nos jeunes énergumènes devraient bien méditer pendant longtemps sur ce texte. Il n'y a aucun rapprochement possible à faire entre catholiques et musulmanisés arabes. Originairement, ces musulmanisés n'étaient que des arabes convertis au judaïsme ;

Poursuivant la pensée de Pie XI, Sa Sainteté Pie XII, dans une audience accordée au Comité arabe de Palestine, proclamait le 3 août 1946 :

« *Nous avons condamné à plusieurs reprises, dans le passé, les persécutions qu'un fanatique antisémitisme déchaînait* contre le peuple hébreu. »

Ces déclarations pontificales ne se présentent pas comme de simples rappels historiques. Elles constituent un programme d'avenir. Les Juifs et les chrétiens possèdent un vaste terrain commun sur lequel ils peuvent établir d'une façon réaliste et solide des projets d'entente et d'union.

Pour les Juifs, il n'existe donc qu'un seul Coran, l'*Ancien Testament*. L'histoire interne de ce Coran, c'est-à-dire l'histoire de chacun des livres qui le composent, a été racontée à maintes reprises, chaque génération ajoutant un lot de connaissances techniques qui permettent aux simples particuliers, même non initiés, d'atteindre à une connaissance très approfondie de nos saints livres. Les derniers travaux que j'ai eu le bonheur de consulter et d'étudier ont pour auteurs principaux les professeurs de l'*École Biblique de Jérusalem*, érigée sous le patronage de saint Étienne. Connu universellement sous le nom de *Bible de Jérusalem*, cet ouvrage nous fournit les derniers résultats des études historiques, linguistiques, littéraires et archéologiques, concernant l'Ancien et le *Nouveau Testament*.

Le Coran hébreu — le seul véritable Coran aux yeux des Juifs —, a subi au cours des âges plusieurs transformations externes pour demeurer compris des Juifs eux-mêmes : on le traduisit d'abord en grec. Cette traduction fut élaborée au IIIe siècle avant notre ère par un collège de soixante-dix Juifs, ce qui lui valut l'appellation de *Septante*. Les Juifs avaient reçu et mis en écrit les révélations du Très Haut. Privilège, certes, extraordinaire pour une race, d'avoir, par sa littérature, établi ou plutôt révélé le contact entre les hommes et Dieu ! C'est volontairement et, pour ainsi dire, en toute conscience, que Dieu s'était servi de la langue hébraïque et du génie d'Israël pour se révéler à l'humanité toute

---

aujourd'hui, ils ont même perdu le sens de leur origine : leur judaïsme est noyé dans toutes leurs pratiques fétichistes.

entière, pour donner aux humains sur cette terre une loi morale et un guide d'éternité. Une race peut être fière de posséder, comme premier confident de Dieu, un homme de la taille de Moïse.

La Grèce, elle aussi, avait été favorisée depuis des siècles par un génie exceptionnel ; un génie plus humain, peut-être même plus complet — dans la mesure où l'on peut dire qu'une race ignorant le vrai Dieu puisse être plus complète qu'un peuple choisi par Dieu pour recueillir ses propres pensées. — Je veux dire tout simplement que si, pour les chrétiens, le Christ est authentiquement juif, s'il parle araméen en famille et dans sa prédication publique, il a cependant choisi des apôtres, des évangélistes, des épistoliers qui, pour nous faire connaître la profonde pensée de leur Seigneur, utilisèrent la langue grecque, firent du grec la langue de la divinité dont les Juifs s'étaient déjà servi eux-mêmes pour la composition originale de quelques-uns de leurs livres sacrés, et pour la traduction intégrale de l'*Ancien Testament* à l'usage des Juifs de la Diaspora qui avaient oublié leur langue maternelle. La traduction des Septante n'est pas essentiellement une œuvre de science. Elle représente avant tout une entreprise apostolique.

Il est arrivé que, à son tour, la langue grecque perdit son prestige, même dans le bassin méditerranéen ; et les chrétiens, dont la littérature s'exprimait de plus en plus en latin, devinrent incapables de lire dans le texte original leurs livres révélés. Un homme, lui aussi extraordinaire, survint qui, avec des moyens modestes, réussit à traduire en latin les écrits hébreux de l'*Ancien Testament* et les écrits grecs du *Nouveau Testament*. En agissant ainsi, saint Jérôme poursuivait un double but : mettre à la portée de toute la Chrétienté les livres de Dieu et, en même temps, décourager le zèle trop ardent des traducteurs dont l'Église avait sujet de craindre les erreurs et les fantaisies.

Nous sommes maintenant au début du VIIe siècle de notre ère.

Le Coran de Moïse a été traduit en grec, en latin, en syriaque, et les Juifs croyaient n'avoir rien perdu de leur privilège en voyant communiquer à d'autres nations les révélations que Yahwé leur avait faites sur le Mont Sinaï.

Passons en revue les diverses races qui entourent la Méditerranée. Il y en a qui ont possédé et qui possèdent encore des civilisations brillantes, une littérature abondante et géniale. L'Afrique du Nord avait connu son âge d'or, avec le berbère saint Augustin. Je pense également à saint Cyprien, à Tertullien, aux apologistes latins, à la Gaule mérovingienne. Voici cependant une race encore réfractaire à toute civilisation ; une race qui n'a jamais produit aucun monument littéraire, qui n'a ni littérature, ni art. Elle croupit dans son ignorance, dans ses incapacités, alors qu'elle a, auprès d'elle, dans ses agglomérations, des églises chrétiennes et des synagogues juives. Voici une race ignare et inculte qui, au début du VIIe siècle, vie dans le culte des idoles ; elle ne sait pas qu'il existe un Dieu, un seul, Créateur et Provident. C'est la race des Arabes, race des bâtards parmi les sémites, qui n'a jamais été capable de produire un seul livre (5). Les fameux poèmes, même s'ils sont antérieurs à l'Islam, qu'on appelle d'un nom pompeux les *« Mo'allaqât »*, ne sont que de petites bricoles en face des monuments de la littérature juive, grecque, syriaque et latine. Où trouver en Arabie, au VIIe siècle, un prophète comme Isaïe, un comme saint Ignace d'Antioche, un docteur comme saint Ephrem, un apôtre comme saint Augustin ? Une race qui, ai VIIe siècle de notre ère, est entourée de tant de chefs-d'œuvre et qui, malgré cela, n'aurait été capable de produire que quelques poèmes falots, n'a vraiment aucun motif sérieux de bomber le torse ni d'enfler la voix ! Mieux vaudrait garder le silence ! En s'extasiant sur des médiocrités — dont la chronologie même est hypothétique — on risque fort de mettre davantage en relief le caractère mesquin et médiocre de ces infimes productions. Soyons sérieux ! C'est à la fin du premier quart du VIIe siècle, que nous voyons avec certitude surgir subitement à La Mecque un livre écrit en arabe. Normalement, rien, dans ce peuple ignorant, ne nous préparait à l'apparition d'un pareil travail : le *Coran*. Il tombe là, pour ainsi dire, comme une perle sur du fumier ! Ce fameux livre, composé au début de la seconde période mecquoise, comprenait comme thème principal l'histoire religieuse des grands Prophètes d'Israël. Quelle idée bizarre ! L'auteur n'allait-il pas se faire écorcher vif, en racontant avec tant de complaisance l'histoire d'Abraham, de Moïse, de David ? On comprendrait qu'un auteur génial ait eu l'idée d'écrire

---

5 — On n'est pas encore fixé aujourd'hui sur l'existence d'une traduction arabe du *Nouveau Testament* avant l'Islam. Voir J. DUPLACY : *Où en est la critique textuelle du Nouveau Testament*, dans *Recherches de science religieuse*, juillet-septembre 1958 ; p. 449-450.

un livre en arabe au VIIe siècle ; il faut bien un début à tout ! Mais pourquoi, précisément, prendre comme thème de cet ouvrage l'histoire juive ? Car, qu'on le veuille ou non, le Coran arabe fut composé pour faire connaître aux tribus idolâtres arabes le Dieu unique des Juifs, c'est-à-dire un livre qui, sur le plan de l'action, n'avait pour but que de convertir au monothéisme les tribus idolâtres du Hedjaz.

Le Vicariat aux armées consacre son bulletin mensuel, n° 18, avril-mai 1956, à l'Islam. Nous y lisons des lignes étranges : « *Qu'est-ce qu'a prêché Mahomet ... Dieu est l'Unique. Il s'agit d'un Dieu un et spirituel, retrouvé contre les Juifs et les Chrétiens, tels qu'il se les représente, et par un retour direct à la religion d'Abraham (C'est ahurissant !)... Il y a, en Mahomet, comme l'obsession de rendre à Dieu seul le culte qui lui est dû et de rétablir le Messie à sa* **vraie** *place historique. Et sans doute est-ce dans cette perspective qu'il faut comprendre l'insistance que met le Coran à préciser la nature humaine de Jésus et sa mission de simple prophète, en même temps que le respect non équivoque dont il entoure Jésus !* » *N'oublions pas qu'on veut, dans ces pages, instruire les aumôniers de l'armée d'Afrique et les soldats les plus cultivés. C'est littéralement navrant !*

Les Arabes ont un Livre, le premier livre écrit en arabe. C'est un grand événement, un véritable tournant dans la vie d'une race. Mais il faut bien expliquer comment un livre a pu naître dans ce pays si déshérité. Quel est son père ? Son auteur ? C'est à la recherche de cette parenté que je me suis appliqué pendant de nombreuses années.

Chers lecteurs, réfléchissez bien ; réfléchissez profondément ; méditez sur cette conclusion : dites-vous bien que, il y a treize siècles, il existait encore aux confins de la Méditerranée, une race dont la langue n'avait jamais servi à fixer une pensée, à exposer un texte original, une philosophie ! Tout autour d'elle, cependant, cette race avait de magnifiques exemples dont les échos auraient pu frapper des tympans tant soit peu habitués à s'arrêter devant des sons transporteurs de pensées intelligentes. Cette race si déshéritée, c'est la race arabe.

Et voici que, subitement, sans aucune préparation interne, apparaît un livre écrit en arabe. Comment expliquer cette soudaine apparition ? Nous ne constatons aucune trace de gestation, aucun signe de préparation arabe pour cette production arabe. C'est étrange ! Ce

Coran arabe, d'où vient-il ? Quel est son père ? Dés que nous l'ouvrons, nous constatons aussitôt qu'il n'y a aucun raccord entre les Arabes et ce Livre. Le fils ne ressemble nullement à un père arabe. Sa langue est toute parsemée de termes étrangers, hébreux, araméens. Un philologue éclairé aurait une vie bien remplie en appliquant son esprit critique à l'étude linguistique du « Coran ». Il y a plus ; beaucoup plus ! Les histoires racontées dans ce Livre sont étrangères à l'Arabie. Ce sont toutes des histoires juives : les mêmes que nous lisons dans la *Bible*. C'est un fait qu'on ne peut minimiser. Comme premier livre, l'ARABIE NE PEUT NOUS PRÉSENTER QU'UN LIVRE FONDAMENTALEMENT JUIF.

D'où vient donc ce livre ? Par crainte de se voir enlever l'honneur d'une pareille publication, les Arabes musulmanisés ont décrété sans plus que le Coran était l'œuvre d'Allah. Nous pensons au geste de Nasser décrétant, lui aussi, que le canal de Suez était égyptien, alors que les Égyptiens, livrés à eux seuls, seront incapables même de l'entretenir. Il est plus facile de voler que de créer. Mais que les partisans d'Allah veuillent bien me dire qui est Allah ! Admettons un seul instant qu'Allah se soit mêlé directement de la rédaction du Coran arabe, les savants musulmans — s'il en existe — peuvent-ils me dire pourquoi Allah a dû s'y reprendre à deux fois — la première fois globale, la seconde par petits bouts — pour raconter à Mohammed ce qu'il avait à lui dire ? Pourquoi, d'autre part, faire intervenir Allah, un Allah mal défini et sans carte d'identité précise, pour lui faire raconter à un Arabe des histoires spécifiquement juives et connues de tout le monde juif ? Cette simple réflexion devrait éveiller chez les Arabes un premier doute sur l'originalité de leur religion. Concrètement, les professeurs d'El-Ahzar du Caire ou de l'Huilerie de Tunis (6) pourraient-ils me dire en langage clair, précis, sans bavardage,

---

6 — Pour une fois (l'occasion en est si rare), nous sommes heureux de rapporter le jugement de *Témoignage chrétien*, du 18 mai 1956 : « Cette université « cette université islamique — (il s'agit de la *Zitouna* ou l'*Huilerie* de Tunis) — forme avec défunte Djemaïa des Habous le refuge du traditionalisme religieux et du conservatisme social. Ses cheiks enrubannés livrent un enseignement suranné, du même type que celui qui, moderne à l'époque, était dispensé dans les universités médiévales de l'Occident. Les étudiants qui la fréquentent et dont l'effectif atteint 14000 si l'on inclut les annexes régionales, n'ont aucun débouché et fournissent, par leur incompétence, leur inaptitude à s'intégrer dans la vie active de la Tunisie

pourquoi, un beau jour, Allah aurait éprouvé le besoin de raconter à un Arabe de La Mecque les principales histoires de la *Bible* juive ? Ce travail absolument inutile de la part d'Allah me paraît bien étrange. Pourquoi — réfléchissons bien cet Allah est-il tellement instruit en histoires juives et uniquement celles-là ? Dans quel but vient-il lui-même raconter ces histoires à Mohammed, en y mêlant d'autres histoires du ... *Talmud* et des *Midraschim* ? Pas d'échappatoire, Messieurs les Professeurs des grandes universités arabes ; ce sont des réponses précises que je vous demande, des réponses en quelques lignes, sans bavure, sans bégaiement. Je vous pose à nouveau la question linguistique : à supposer qu'Allah soit venu dans la caverne du Mont-Hira pour raconter au mari de Khadidja les histoires de son peuple élu, le peuple d'Israël, pourquoi cet Allah bien judaïsé croit-il utile, pour se faire comprendre, d'adopter un langage truffé d'expressions hébraïques et araméennes, avec lesquelles cependant ni Mohammed ni ses cotribules ne devaient être très familiarisés ? C'est à toutes ces questions que je demande à nos grands savants officiels des réponses bien précises. C'est pur enfantillage, pour expliquer l'apparition d'un livre arabe en Arabie, d'un livre de religion juive, que de recourir à l'inspiration d'Allah. Réfléchissez bien : de quelque côté que vous envisagiez le livre arabe, il semble complètement absurde de rattacher son contenu à l'intervention d'Allah. Cette question est tranchée : le *Corab* ou *Coran* est un livre d'histoires juives. Il ne nous apporte rien de nouveau ; son but est de raconter en langue arabe ce qui est dit depuis des siècles dans les livres des anciens Juifs. Ce livre n'a d'arabe que la langue, le fond de la pensée est uniquement juif ; c'est le monothéisme juif qu'expose aux Arabes idolâtres le rédacteur juif. Ce Coran, ou plus exactement ce *Corab*, n'est qu'une expression arabe du Pentateuque, de la Tora, rédigée en hébreu.

Le recto de ce livre est écrit originellement en hébreu — sauf deux exceptions ; mais nous en connaissons déjà plusieurs verso Interchangeables, selon les époques et les lieux : un verso grec, les *Septante* ; un verso latin, la *Vulgate* ; un verso syriaque, et d'autres verso encore, plus ou moins complets. Et voici un nouveau verso, cette fois arabe. Et c'est l'existence même et la possibilité de ce verso qu'il s'agit

---

moderne, les agitateurs sur lesquels s'appuie Salah ben Youssef. » ... et c'est encore calomnier nos universités médiévales !

d'expliquer. À priori, nous pouvons déjà imaginer qu'il serait impossible de trouver en Arabie un Arabe bilingue, connaissant à la fois l'hébreu et l'arabe. Pareil phénomène est impossible à trouver dans une société aussi arriérée que la société arabe de cette époque. C'est alors que « quelqu'un », pour échapper à pareille objection, imagina l'inspiration divine. Le *Corab* serait l'œuvre de Dieu. Cette réponse, nous l'avons dit et répété maintes fois, n'a absolument aucun sens et ne résiste pas à la plus élémentaire réflexion. Il est ridicule de faire appel à Allah, fin connaisseur de l'*Ancien Testament*, de la littérature juive, et d'en faire l'inspirateur du *Corab*. Cet Allah hypothétique n'aurait agi que pour convertir les arabes au judaïsme, aux dépens du christianisme.

Si Allah ne peut être le compositeur de ce verso arabe de la *Bible hébraïque* qui en est, en fin de compte, le véritable auteur ? Pour les co-ranisants occidentaux — qu'ils soient catholiques, anti-religieux, ou simplement a-religieux —, l'auteur du *Corab* serait tout simplement Mohammed. On pouvait penser, au Moyen Age, à une intervention divine. On pouvait croire que le « *Corab* » était un miracle, un miracle d'Allah ! Mais nos rationalistes d'aujourd'hui auraient honte de paraître croire en Dieu. On n'a pas besoin de Dieu pour écrire un livre, sinon nous serions nous-mêmes des dieux. Mohammed suffit, lui seul, à expliquer le verso arabe du Coran hébreu. Pour les musulmanisés, Mohammed ne serait qu'un illettré ; et plus nous les déclarons ignares, plus nous reconnaissons la part prise par Allah dans la composition du Coran. Après cela, qu'on ne vienne pas nous dire que les Arabes ne sont pas, depuis des siècles, de puissants dialecticiens ! — Pas du tout, répondent beaucoup des plus fameux coranisants occidentaux ! Le fondateur de l'Islam est bel et bien Mohammed ; et c'est Mohammed qui est lui aussi le rédacteur du Coran arabe ! — Mais d'immenses difficultés nouvelles commencent à surgir. Il faut tout d'abord nous prouver que Mohammed savait lire et écrire. Si Mohammed est vraiment l'auteur du *Corab*, il faut supposer qu'il ait eu au moins son certificat d'études supérieures, et qu'il soit sorti au moins de l'École normale supérieure de La Mecque. Il faut conclure aussi que cette École normale a mis à son programme l'étude des Livres saints juifs, du *Talmud*, des *Midraschim*, des *Évangiles*, des Apocryphes chrétiens. Si ce programme, en effet, n'était pas si développé, comment Mohammed aurait-il pu acquérir cette somme de connaissances juives et chrétiennes, énorme pour l'époque, et que nous trouvons dans les *Actes* ? Voici de nombreux problèmes auxquels nos savants coranisants occidentaux et nos arabisants n'ont jamais répondu. Je vous donne maintenant l'occasion d'y répondre. Mais je demande des réponses claires, solides, qui satisfassent l'esprit, bref des réponses qui soient de vraies réponses et non pas des discours enveloppants ou soporifiques. Expliquez-nous comment Mohammed, même muni d'un diplôme de sortie de la plus grande école de l'Arabie, a pu écrire un livre comme les *Actes* qui, d'après vous, serait un chef-d'œuvre incomparable ! Un génial coranisant a cependant trouvé une réponse originale et vraiment sensationnelle, qui passe de manuels en manuels depuis plusieurs générations. Non, ce n'est pas Allah qui a fait à Mohammed des révélations sur l'histoire juive (et ceci doit tranquilliser nos coranisants athées) ; par ailleurs, Mohammed ne savait ni lire, ni écrire (et ceci pour satisfaire les musulmans qui trouvent que plus leur prophète est ignare, plus son œuvre est divine), et par conséquent il n'a pu consulter lui-même les documents religieux chrétiens (*Évangiles* et *Apocryphes*) et juifs (*Ancien Testament, Talmud, Midraschim*. Il connaissait cependant toute cette littérature. Il l'a connu — et c'est là le coup de génie — en fréquentant les gargotes de La Mecque ! Prenons cette conclusion au sérieux, et il nous faudra immédiatement conclure que Mohammed, pour recueillir tant et tant de renseignement sur le judaïsme et le christianisme devait être un excellent client de ces gargotes ; en second lieux qu'il préférait de beaucoup les boissons juives aux « bibines » chrétiennes, puisqu'il est beaucoup plus renseigné sur le judaïsme que sur le christianisme ; qu'il a même dû être assez mal reçu chez les chrétiens, puisque quand il en parle dans « son » ouvrage, c'est le plus souvent en mauvais termes. « Qu'Allah les tue ! », dit-il en parlant d'eux.

Huart, qui a lancé cette fameuse hypothèse, ce véritable bobard, est l'un des premiers historiens des temps modernes qui ait introduit à dose aussi formidable le ridicule dans un domaine ou l'on ne devrait pénétrer qu'avec sérieux. « Il n'est pas douteux, — m'écrivait [7] un membre de l'Institut — que les traditions juives sont passées dans le Coran et que ce livre est aussi peu original qu'il est « mal fichu ». Où Mohammed les a-t-il récoltées ? Dans les « gargotes » ? Surtout après son mariage avec

---

7 — Lettre du 18 sept. 1956.

Khadidja, il avait les moyens de descendre dans les bons hôtels ! » Ne plaisantons pas davantage. Nous savons depuis longtemps, vous et moi, que ces savants qui se montre tellement fanfarons dès qu'ils parlent de l'*Ancien Testament* et des *Évangiles* sont frappés d'une sorte de paralysie mentale et d'inhibition de pensée, dès qu'ils se trouvent en face du *Corab* et de Mohammed, cependant bien inoffensif. Ces mêmes savants affrontent Moïse et ils ne reculent pas d'un pouce devant la rigueur de ses commandements. Ils ont parfois jeté un coup d'œil sur le contenu des Évangiles : ils les jugent trop bénin et presque indigne de fixer, ne serait-ce que quelques instants, les grandes cogitations des savants ! Mais devant Mohammed, devant ce qu'ils croient être le Coran, — et qui n'est qu'un pseudo-Coran —, ces savants perdent tous leurs moyens intellectuels et vous sortent les pires âneries qu'un cerveau humain soit capable d'imaginer. Je vous ai cité de nombreux exemple, je vous en citerais de non moins fameux pour la période de Médine.

Quant à moi, j'ai choisi ma réponse, après des années d'analyses, de réflexion, de méditation et de prière. Vous la connaissez chers lecteurs. Je l'ai exposée en deux forts volumes.

Dans la France Catholique du 9 avril 1957 M. le Chanoine R. Vancourt, professeur aux facultés catholique de Lille, consacre un article au Chrétiens face à l'Islam. Évidemment M. le Chanoine n'apporte aucune conclusion. Il écarte à juste titre tout syncrétisme qui voudrait unir islamisme et christianisme. Réflexions très exactes et très judicieuses. Il fait allusion à mon travail en ces termes « Seulement, une fois qu'on évité le syncrétisme, on n'a pas encore apporté une interprétation de l'islamisme. C'est ici que les difficultés commencent. Dans l'histoire, on rencontre les infiltrations les plus diverses. Les uns ont dit : « Tout ce que l'Islam contient en fait de valeur religieuses authentiques vient du christianisme, dont Mahomet aurait, pour ainsi dire, recueilli les échos.

Un livre récent propose une solution différente et prétend que Mahomet aurait reçu d'un rabbin la doctrine juive, qu'il aurait d'ailleurs plus ou moins transformée.

J'avoue, entre parenthèses, que les arguments invoqués pour étayer cette interprétation ne me paraissent pas du tout convaincants. D'ailleurs, d'une façon générale, il semble bien difficile de déterminer d'une manière exacte les sources qui ont pu influencer Mahomet. »

Comme M. le Chanoine n'apporte aucune raison de ses doutes, je ne possède donc malheureusement aucune base pour lui répondre.

Les coranistants n'auront pas de peine à relever des erreurs de détail et je les en remercie. Je vous concède tous les détails que vous voulez. Ce ne sont pas les détails qui m'intéressent. Mon but, qui s'est précisé d'année en année, a été d'établir une forte charpente, et c'est cette forte charpente, ce gros œuvre qu'il vous faudrait démolir pour retrouver vos anciennes positions.

Je rejette la solution de l'inspiration du Coran arabe, comme parfaitement ridicule. Je rejette la solution qui voudrait expliquer le Coran par le génie de Mohammed.

J'ai choisi la solution à laquelle naguère il aurait été sacrilège de penser : le Coran arabe a été composé par un rabbin — ce qui nous explique que le *Corab* soit un livre de religion juive, un livre anti-chrétien, écrit en arabe par un juif, ce qui explique également le caractère insolite de la l'oigne coranique. Dans ce *Corab*, Dieu est présent, puisque c'est Lui qui en a fourni la matière dans ses révélations au Mont-Sinaï. Mohammed n'est pas exclu : il doit apprendre de mémoire les sourates du *Corab* et prêcher à ses compatriotes le Dieu d'Israël. Mais la cheville ouvrière est sans aucun doute un Juif, un Juif très instruit, maître de Mohammed et compositeur du *Corab*.

Et j'ajoute que ce *Corab*, œuvre du rabbin, n'existe plus. Il a dû disparaître très tôt. Très tôt, en effet, on en fit des copies ; des copies volontairement inexactes, fautives — nous le verrons au cours de notre travail sur Médine. Ce que nous appelons Coran n'est qu'un livre anecdotique, une sorte d'histoire sainte pour l'édification des arabes. Ce que les musulmanisés et les coranistes occidentaux appellent Coran, ce n'est même pas le *Corab*.

Nous avons appelé ce livre : *les Actes de l'Islam* ; livre composé par le même rabbin, auteur du *Corab*. Il est ahurissant de penser que les musulmanisés ont construit pendant des siècles, et reconstruisent encore leur vie personnelle, sociale et politique, sur un livre composé par un Juif, et plus risible encore quand on pense que ce livre est perdu, introuvable. Le *Coran arabe* n'était qu'une adaptation du *Coran hébreu* ; de plus, ce *Coran arabe* primitif est perdu, et c'est sur un livre faussement appelé Coran que les musulmanisés s'appuient pour fonder leurs espoirs nationaux et leur ligne de conduite individuelle ! Et ce pseudo-Coran a pour auteur le même Juif qui a composé le *Corab*.

☦

L'Islam est donc l'authentique religion des Juifs craignant Dieu. L'Islam arabe n'est et ne peut être qu'un dérivé de l'Islam juif, le seul Islam original.

$$\left.\begin{array}{l}\text{Coran.........}\\ \text{Islam.........}\\ \text{Musulmans..}\end{array}\right\} = \text{Juifs} \quad \left.\begin{array}{l}\text{Corab...........}\\ \text{Actes de l'Islam...}\\ \text{Musulmanisés..}\\ \text{Mahométans...}\end{array}\right\} = \begin{array}{l}\text{s'appliquent}\\ \text{aux Arabes}\end{array}$$

Quand désormais nous parlerons de l'Islam, il nous faudra préciser : *l'Islam sans qualificatif* désigne la religion des Juifs pratiquant la Tora. L'*Islam arabe*, par contre, n'a pas d'originalité propre. Il désigne la religion des Arabes ayant choisi pour mode de vie la religion d'Israël.

Mes idées sur l'Islam sont donc bien claires et je les présente aux coranisants traditionalistes en formules bien accentuées pour leur permettre de contre-attaquer plus facilement. Dans cet Islam, Allah, — dont on ignore d'ailleurs l'identité arabe —, n'est intervenu en aucune façon comme inspirateur. Mohammed n'est ni prophète, ni inspiré. Allah et Mohammed n'ont rien à faire dans l'élaboration de l'Islam arabe et du *Corab*. C'est un Juif, un rabbin de La Mecque qui a conçu l'Islam arabe et qui a composé le *Corab*. En toute justice, c'est à Israël que les musulmanisés d'aujourd'hui devraient payer des droits d'auteur. Ibn Khaldoun, s'il avait eu la moindre connaissance de ces problèmes, n'aurait pas manqué d'accuser les Arabes de plagiat, comme il le fait pour la littérature, les arts et les sciences, et il aurait sans doute exigé de leur part un paiement d'indemnité aux Juifs pour le préjudice qu'ils leur portèrent pendant des siècles en exploitant un bien religieux qui ne leur appartient d'aucune manière, et qu'ils s'approprient sans vergogne. Je m'explique : le livre arabe leur appartient en quelque manière, puisque le rabbin eut l'imprudence de le composer lui-même et de le leur donner ; mais les révélations contenues dans le *Corab* appartiennent à Moïse, et par Moïse au peuple d'Israël tout entier. Les musulmanisés arabes ont été assez sots ou assez fourbes pour crier sur les toits que Yahwé avait fait lui-même des révélations à Mohammed. C'est du pur roman. Peut-être la Cour de La Haye, ou tout autre Cour de justice internationale serait-elle juridiquement qualifiée pour se prononcer sur un tel vol littéraire et religieux. Peut-on, dans ce cas, invoquer l'argument de prescription ? Il semble bien que non. Si l'origine de ce larcin en effet est ancienne, ce larcin, cependant, se répète tous les jours et la durée de ses effets est constante. Nous sommes es en face d'un abus de confiance permanent dont les musulmanisés sont les seuls responsables.

Pour la dernière fois, je précise ma pensée :

1. — Il n'y a pas d'Allah inspirateur.
2. — Il n'y a pas de Mohammed inspiré.
3. — Le fondateur de la communauté des musulmanisés arabes est un Juif très instruit, un rabbin.
4. — Mohammed, élève de ce rabbin, s'est converti au judaïsme.
5. — Pour rendre plus facilement intelligibles les révélations faites par Yahwé à Moïse sur le Mont Sinaï, le rabbin compose en Arabe une Histoire Sainte, la première Histoire Sainte en arabe. Ce livre arabe ne contient aucune révélation faite directement à Mohammed par Allah. Dans ce livre arabe, il n'y a rien de nouveau. Ce sont des redites, des redites de l'*Ancien Testament*.

Nous n'y pouvons rien !

Dans l'Islam arabe et dans le *Corab*, tout est juif. Je vous l'ai dit en analyses serrées, même arides, souvent sur un ton ironique, le seul ton qui convienne pour raconter toutes les calembredaines que les savants les plus sérieux nous racontent sans sourciller ; ton d'un homme qui connaît les textes, l'histoire arabe, et qui est excédé de toutes les sornettes que des savants graves et impavides débitent tout au long de leurs ouvrages. En vous remettant dans cette atmosphère, vous comprendrez et mon œuvre, et la forme que je lui ai donnée. Pouvez-vous, chers lecteurs, parcourir sans un sourire continu, et souvent sans éclats de rire, des livres comme le dernier ouvrage du bon M. Gaudefroy-Demombynes, qui représente le summum de la science islamique, le Christian Dior de l'érudition coranique ! Dans les dissertations sur Médine, je vous en citerai quelques pages caractéristiques, et vous jugerez vous-mêmes de la confiance que vous pouvez accorder à cet ouvrage. Je me refuse à répéter les slogans, à suivre les « pontifes ». Si j'ai une idole, ce sont les textes authentiques. C'est dans la paix de mon âme, la sérénité de mon esprit, et en toute liberté, que j'ai écrit mes ouvrages sur les origines de l'Islam arabe. Je trouve cet Islam arabe — en tant qu'arabe absolument insensé. Je le juge comme une escroquerie et un mensonge (8), comme un bluff bien caractérisé, et je le dis tout simplement. Pour moi, dans l'histoire religieuse de notre planète, l'Islam arabe ne mérite aucune place. Si La Mecque est un haut-lieu, c'est un haut-lieu fondé par des hommes et, qui plus est, par des Arabes ! On peut rayer La Mecque de la géographie religieuse, sans scrupule. La Mecque, et d'une façon générale ce qu'on appelle abusivement les lieux-saints de l'Islam, n'ajoutent absolument rien de sacré au Mont Sinaï ou au Calvaire, et ne pourront jamais servir de point de liaison avec le christianisme.

Pour pouvoir s'insérer petit à petit dans le mouvement culturel et scientifique moderne, les musulmanisés devront-ils renoncer à leur fictif Allah et à leur pseudo-Coran ? Je n'en sais rien, n'étant pas prophète. Je me borne à constater que les musulmanisés, pour la plupart, constituent une masse d'hommes intellectuellement sous-alimentés et hermétiquement fermés à toutes les grandes conceptions et découvertes de l'ère moderne.

À ceux qui, pour comble de ridicule, me reprocheraient d'être fanatique, je répondrai simplement que mon attitude pourrait, à la rigueur, n'être seulement qu'une copie du fanatisme insensé dont nous trouvons tant d'exemples dans l'histoire ancienne et moderne de l'Islam arabe. Si je manque de tolérance, ce n'est que vis-à-vis d'une religion qui me paraît le mensonge le plus caractérisé du haut Moyen Age !

Je comprends fort bien le bouddhisme et le respecte. L'idée ne me viendrait jamais de sourire en apprenant que la fille d'un grand commerçant de San Francisco, Clarissa van Strum, renonçant à vingt-deux ans à tout ce que pouvait lui apporter la vie, affronte courageusement l'existence méditative des religieuses bouddhistes.

---

8 — Ces termes ne s'appliquent qu'à l'Islam arabe, dans la mesure où cet Islam — pseudo-religion — veut se présenter comme une religion autonome et originale.

Si j'ai trouvé parfois étrange la vie des lamas thibétains, c'est toujours avec respect cependant que j'ai lu toutes les histoires les concernant. Je respecte ce qui doit être respecté, et je laisse à chacun le choix de sa religion. Mais ce n'est pas le cas pour l'Islam arabe. L'Islam arabe n'est que le double de l'Islam juif. Jusque-là, la morale est sauve. Mais quand l'Islam arabe, qui ne fut originellement qu'une simple copie de l'Islam mosaïque, élaborée par un rabbin au VIIe siècle, vient se présenter comme une religion nouvelle, comme une révélation authentique faite aux Arabes par un Dieu arabe, je me sens le droit d'intervenir non plus seulement au nom de la Vérité travestie, mais surtout au nom de la morale qui interdit le vol. L'Islam arabe est un vol, renforcé par un bluff. Or, il n'existe aucun précepte moral obligeant les humains à respecter le vol, même si, par suite de circonstances sociales, politiques et économiques, on est contraint de vivre à côté des receleurs.

CHAPITRE II

AMORCE
D'UN VOCABULAIRE NOUVEAU ISLAMIQUE

*P*OUR maintenir nos esprits dans la ligne droite de ces conclusions qui me paraissent saines et solides, je vous propose donc, Amis lecteurs, de n'employer dans vos conversations, vos conférences, vos écrits, que le vocabulaire que je vous détaillerai bientôt, mais dont voici, pour l'instant, quelques termes essentiels :

ALLAH : Sous la forme syriaque, *Aloho* (9) désigne, dans la *Peschitto*, traduction syriaque de la *Bible*, le Dieu des Juifs, Yahvé :

« *Au commencement, Aloho créa le ciel et la terre* ».

Avant l'Islam arabe, la forme Ilah existe déjà, désignant aussi bien le Dieu des Juifs et le Dieu des chrétiens (voir H. ZAKARIAS, *op. cit.*, t. I ; p. 30-31).

Le terme Allah n'a aucune signification spécifique arabe. L'intervention d'Allah est impensable dans l'histoire de l'Islam arabe. Allah n'est pas l'inspirateur de Mohammed ; il n'est pas révélateur d'un quelconque Coran arabe, ni fondateur d'un Islam arabe. La raison en est à la fois profonde et simple : il n'y a pas d'Islam arabe original. Mohammed n'a rien d'un inspiré.

Allah, comme nom propre et spécifique, est un terme à rayer de l'histoire religieuse. Chaque fois que nous rencontrons ce terme,

---

9 — Prononcé *Alaha* en chaldéen ; correspondant arabe *Ilah*.

remplaçons-le par le terme Yahvé, Dieu des Hébreux et des Juifs, ou simplement par le terme Dieu, qui est un terme générique, s'applique à l'Être tout-puissant, créateur du ciel et de la terre, et qui désigne à la fois le Dieu des Juifs et le Dieu des Arabes. Le Dieu des Arabes est le Dieu des Juifs, sans aucune spécification supplémentaire et le Dieu des chrétiens est aussi le Dieu d'Israël dont l'existence intime se trouve précisée par la distinction des trois personnes divines.

Retenons fermement qu'il n'y a pas de Dieu spécifique arabe.

CORAN (10) : Livre religieux contenant les révélations de Dieu à l'humanité. Le seul Coran existant avant le christianisme est le Coran hébreu et en particulier le Coran hébreu de Moïse, à la fois livre de prière et code juridique, révélé par Yahvé à Moïse sur le Mont Sinaï.

Le *Coran*, c'est l'*Ancien Testament* et, d'une façon plus directe et plus précise, le Pentateuque de Moïse.

CORABOR : (Coran expliqué en arabe d'une façon orale). Le *Corab*or désigne les histoires de l'*Ancien Testament* racontées par le rabbin de La Mecque aux Arabes, naturellement pour leur faire connaître l'histoire d'Israël, leur faire abandonner les idoles de la Ka'ba et les convertir à Yahvé, le Dieu unique.

Le *Corabor* n'est donc pas un livre, mais l'explication orale en arabe du livre hébreu de Moïse : le Coran.

CORAB : fixation par écrit du *Corab*or ; en d'autres termes, le *Corab* est l'explication arabe écrite du Coran hébreu. Le Corab a été composé entièrement au début de la seconde période mecquoise. Nous en avons des preuves formelles dans les sourates LIV, 17.22.32.40 ; XLIV, 58 ; XX, 112.

---

10 — *Qoran* est une expression syriaque, et non pas arabe (*Qiraat*). Ce terme, *Qoran*, continuellement employé dans les *Actes*, témoigne à lui seul que le rédacteur du *Pseudo-Coran* connaissait le syriaque. Peut-on en conclure que le rabbin de La Mecque, auteur du *Corab* et des *Actes*, venait des régions syriaques ?
— On annonce que le gouvernement de la R.A.U. vient d'ordonner une traduction du *Pseudo-Coran* en anglais, français et allemand. La commission chargée de réviser cette traduction ne comprendra que des musulmans (*Informations catholiques internationales*, I (nov. 1958, p. 18). Nous attendons cette traduction avec un certain amusement. Nous en reparlerons plus tard.

Très tôt, pendant le séjour des musulmanisés à Médine, on en fit des copies, à dessein fautives ; c'est probablement à la suite de ces altérations volontaires que le *Corab* fut détruit. On ne l'a jamais retrouvé. Le *Coran* arabe n'existe plus. Le livre que l'on nous présente comme le Coran arabe n'est pas le Coran arabe. Je défie les fameux oulémas musulmanisés de nous prouver le contraire. Qu'on ne vienne donc plus nous ennuyer avec le *Coran arabe*. Il a existé un jour, mais il a disparu.

Le *Coran* est l'œuvre de Moïse ; le *Corab* est l'œuvre d'un Juif mecquois. On peut dire que le *Corab* était un livre inspiré dans la mesure où il reproduisait exactement la pensée de Moïse. La *Bible* de Jérusalem est elle-même inspirée, dans la même mesure et pour la même raison.

Le *Corab* en lui-même n'était donc pas inspiré ; il n'était inspiré, peut-on dire, que par sa référence au Coran. Il n'y a donc pas d'inspiration originale, ni d'auteur arabe inspiré. L'Islam arabe n'a rien ajouté à la religion juive : ce n'est que la religion juive étendue à la race la plus inculte et la plus retardataire du bassin méditerranéen.

Par conséquent, ne plus jamais parler du Coran comme livre religieux des Arabes.

Le *Coran*, c'est uniquement le livre saint des Juifs, en particulier le *Pentateuque*.

Le livre arabe actuel n'est qu'un livre d'histoires locales et contemporaines de Mohammed ; nous l'avons nommé :

Actes de l'Islam : C'est le seul livre qui nous reste sur les origines de l'Islam arabe [11]. C'est par erreur qu'on le désigne sous l'appellation de

---

11 — Ce sont les *Actes de l'Islam* qu'érudits, journalistes, romanciers, citent à tout
propos d'une façon ridicule, et accommodent à toutes les sauces. On pourrait citer des milliers d'exemples de ces niaiseries. Voici, par exemple, *Match* (!) 1er décembre 1956, p. 17 : « Soraya, la belle impératrice. Elle a parcouru des milliers de kilomètres, affronté les reproches de son entourage, et risqué l'incident diplomatique pour consulter les meilleurs gynécologues du monde, russes ou américains. En vain. *Sous peine de voir leur amour implacablement condamné par la loi du Coran comme par celle du trône*, le Shah et son épouse devaient donc chercher autour d'eux l'héritier que la nature leur refusait. On songea tout d'abord à l'enfant qu'Ali Reza, un frère du Shah disparu dans un accident d'avion, avait eu

Coran, ou exposition en arabe du Coran hébreu. Ce pseudo-Coran n'est qu'un livre composé à l'époque même de Mohammed, un livre d'histoire racontant les événements religieux de La Mecque et de Médine, et dans lequel l'auteur insère de nombreuses citations du *Corab*. On ne peut le confondre avec le *Corab*. Les *Actes* ne peuvent être considérés comme le verso arabe du Coran hébreu. De plus, les *Actes* ne constituent pas un livre de prières. Contrairement au *Corab*, ils ne relèvent d'aucune façon de l'inspiration. Ils ont été composés tout simplement par un Juif.

Mohammed n'a eu ni l'opportunité, ni la capacité, ni la possibilité d'y collaborer. Il n'a AUCUNE PART ACTIVE À SA COMPOSITION. Il n'y a pas de place pour Mohammed dans la composition du *Corab* et des *Actes*. Insister sur le fait extraordinaire que les musulmanisés sont en pleine erreur quand ils nous présentent le livre des *Actes* comme leur fameux Coran !

MOHAMMED : Né, d'après Lammens, en 580, et mort en 632, six ans après avoir été chassé de La Mecque. Marié aux environs de 600 à Khadidja, veuve de deux précédents maris. Mohammed, après son mariage, se convertit au judaïsme, ce qui nous permet, avec d'autres raisons, de conclure que sa femme était elle-même juive.

Retenons avec fermeté que Mohammed :

— n'a rien d'un Prophète, ni d'un inspiré ;

— n'a aucune part dans la composition du *Corab* et des *Actes* ;

— dans l'ordre de l'invention, n'a aucune part dans la fondation de l'Islam arabe ;

— converti au judaïsme, ne fut jamais que LE CLAIRON D'UN RABBIN.

Mohammed est à rayer complètement de la liste des fondateurs de religion. Simple caisse de résonance du judaïsme ! Concrètement, écho de sa femme Khadidja et du rabbin de La Mecque.

Par conséquent, éviter absolument de parler du *Prophète* Mohammed, des révélations qu'il aurait reçues d'Allah — ce qui

---

de son union avec une institutrice française, Christiane Cholewski. Mais la mère, sachant qu'il lui faudrait abandonner ses droits maternels, s'était réfugiée à Paris avec son fils. C'est alors que Soraya pensa à l'enfant né du premier mariage de son époux avec Fawzia, sœur du roi Farouk : la princesse Shahanaz. »

est doublement insensé. On peut le désigner par le simple nom de *Mohammed*, par *mari de Khadidja, clairon du judaïsme*, ou termes équivalents. De cette façon, on évitera les fantaisies imaginatives et on se maintiendra dans les limites fermes de l'histoire et de la véritable critique (12).

MUSULMANS : J'ai déjà laissé entendre, dans mon deuxième volume, que les authentiques musulmans, c'étaient les Juifs, *soumis à Dieu*, et vivant d'après les préceptes divins.

Avant Moïse, les musulmans juifs se soumettaient à Dieu, en écoutant leur conscience religieuse. Tels Adam, Noé, le grand Abraham, Jacob, Joseph, et combien d'autres.

Après Moïse, la soumission à Dieu se concrétisait en la soumission à la *Tora*, à la Loi (13). À partir de cette définition, les Hébreux et les Juifs post-mosaïques se distinguent en deux grandes catégories : ceux qui pratiquent les commandements de Dieu, qui « font ce qui est agréable à Yahvé », et ceux « qui font ce qui déplaît à Dieu et désobéissent à ses commandements ».

Le terme *musulman* ne s'applique donc qu'aux Juifs. Les bons musulmans, ce sont les bons Juifs. Il y a équivalence entre ces deux termes. Du point de vue historique, il y a exacte équivalence entre religion et race. Il faut appartenir à la race juive pour être musulman authentique et original ; seuls, *les Juifs sont musulmans*.

MUSULMANISÉS : C'est pourquoi les Arabes, qui sont des Sémites, mais non pas des Juifs, ne peuvent, sous aucun prétexte, être

---

12 — Les Coranisants présentent généralement Mohammed comme un *Prophète*, le dernier des Prophètes dans le bassin méditerranéen, et ceci sans aucune preuve, sans aucune critique et, ajoutons aussi, sans aucun sens du ridicule. Jamais Dieu n'a parlé à Mohammed ; jamais Dieu ne lui a fait la moindre révélation nouvelle. Le seul dialogue que nous connaissions à l'origine de l'Islam arabe, se passe non pas entre Allah et Mohammed, mais entre un rabbin juif et le mari arabe de Khadidja.

13 — Les musulmans authentiques ne peuvent être que des Juifs soumis à la loi. Dans la définition des musulmans, rentre donc un élément externe : la loi, la seule loi qui existe, la Tora ; et un élément interne : la soumission de l'homme, du juif, à cette loi

dénommés musulmans. Sous le terme générique de Sémites, les Arabes forment une espèce, l'espèce arabe, bien distincte de la race juive. Les Juifs, au VIIe siècle, sont des Sémites d'une culture ancienne et hors de pair ; les Arabes sont des Sémites arriérés et ne possédant aucune production, ni littéraire, ni artistique. Les Juifs au VIIe siècle sont des monothéistes déjà traditionnels ; les Arabes sont des polythéistes toujours plongés dans une folle idolâtrie.

L'évolution que nous constatons chez les Arabes au VIIe siècle ne peut être évidemment une évolution raciale, mais une évolution religieuse : greffe monothéiste chez des Sémites non Juifs. Dans tous les domaines, les Arabes ne seront jamais que des bâtards.

Réalisons bien que les Arabes ne peuvent être de véritables musulmans ; ils ne seront jamais que des musulmans de dérivation, exactement : des musulmanisés. Ils vont accepter la religion juive, sans jamais pouvoir en prendre la race.

Consigne : ne plus parler de musulmans arabes ; seuls, les Juifs sont musulmans ; les Arabes ne peuvent être que musulmanisés, et ils le sont dans la mesure où ils acceptent la religion d'Israël.

Mohammed est le premier, non pas des musulmans, puisqu'il n'est pas Juif, mais le premier des musulmanisés, parce qu'il fut le premier arabe à se convertir en apôtre de la religion d'Israël.

MAHOMÉTANS : L'ancienne dénomination de *Mahométans* n'était pas fausse, en ce sens que, fondé par le rabbin de La Mecque, l'Islam arabe a été pour ainsi dire, remis par ce même rabbin entre les mains de Mohammed qui devint ainsi le directeur et l'apôtre de la religion d'Israël parmi les Arabes. Quand on parle de l'Islam, il faut procéder avec beaucoup de finesse : l'Islam juif est le seul véritable Islam, fondé par Moïse au Mont Sinaï, et représenté au VIIe siècle à La Mecque par un rabbin, Juif de race. Quant à l'Islam arabe, il a été fondé par ce même rabbin, mais la direction politique en a été confiée, à Médine, à l'apôtre Mohammed.

La désignation *Mahométans* est exacte. Elle est même plus historique que l'expression *musulmanisés*, puisqu'elle fait mention de Mohammed en le replaçant dans son véritable rôle : apôtre, parmi les Sémites arabes, de l'Islam juif. Seuls, les *musulmanisés* rejettent cette expression de *Mahométans*, parce que, d'après eux, Mohammed n'a eu dans la fondation de l'Islam arabe et la composition du *Corab* aucun rôle actif. Pour nous, qui sommes convaincus du contraire, et qui savons de science certaine que Mohammed ne fut qu'un instrument docile entre les mains du rabbin qui, après l'avoir instruit, l'orienta à Médine vers la direction effective de l'Islam arabe, nous pouvons, en parlant des Arabes *musulmanisés*, les désigner correctement par l'expression de *Mahométans*. Si le terme *musulmanisés* est doctrinalement exact pour désigner les Arabes convertis à la religion d'Israël, cette expression : *Mahométans*, exprime avec plus d'exactitude le mode historique de la pénétration de l'Islam juif parmi les Arabes.

ISLAM : L'Islam est originellement et spécifiquement la religion des Juifs : c'est la religion de la soumission à la volonté de Yahvé, volonté exprimée pour la première fois sur le Mont Sinaï (*Sour.* XXXIX, 22, 23 ; VI, 125 ; III, 17, 19 ; XLIX, 17 ; IX, 75 ; V, 5). L'Islam remonte au Mont Sinaï et à Moïse. Ne plus jamais en parler comme religion spécifique des Arabes et des arabisés : c'est un horrible contre-sens historique.

Ce n'est pas aux chrétiens qu'il appartient de défendre l'islamisme arabe, l'islamisme arabe n'étant qu'une adaptation du mosaïsme faite par un rabbin à des Arabes encore sauvages. (Voir *le paradis des musulmanisés* !)

CHAPITRE III

ÉGAREMENT DE L'OPINION PAR L'USAGE ABUSIF D'EXPRESSIONS ET DE NOTIONS ERRONÉES

*E*N nous référant à ces définitions claires et critiquement éprouvées, nous pouvons juger de l'imprécision de langage que l'on rencontre à chaque instant dans les journaux, les revues et même les ouvrages les plus techniques. Voici quelques exemples de ces abus :

1. — Usage abusif du Corab. — Le *Corab* est la grande arme des musulmanisés — qu'ils soient algériens, marocains, égyptiens —, contre l'Occident qui se défend mal contre les attaques faussement coraniques ou qui ne se défend même pas du tout. Nos politiciens ont même fait de la France la grande protectrice du *Corab*, — *Corab* qui est régulièrement utilisé à des fins politiques anti-françaises.

Les musulmanisés, naturellement, sont entièrement libres d'apprendre ce qu'ils croient être le Coran ! C'est leur droit le plus strict et ils en usent. Selon un arrêté promulgué par Ibn Séoud, au début de 1955 :

Tous ceux qui peuvent réciter par cœur le « Coran » recevront une prime équivalent à environ 200 000 francs français.

Si l'on veut apprendre par cœur le « Coran », on doit s'inscrire chez le Qadhi de sa commune ou, si l'on est étudiant ou élève d'une école, chez le directeur de celle-ci. L'examen aura lieu soit chez le Qadhi, soit chez le directeur d'école. Les examinateurs ne prêteront pas seulement attention à l'exactitude du texte que débiteront les candidats, mais également à leur diction. L'examen réussi, c'est le fonctionnaire local des Finances qui paiera le montant de la prime contre la remise d'un certificat. En outre, la radio de La Mecque a déclaré dans ses commentaires sur cette décision royale, que tous les noms des lauréats seraient publiés (14).

J'ai vu moi-même ces « porteurs de Coran » et je dois dire que cette sorte d'abêtissement, si elle est un peu lucrative, ne laisse à l'intelligence aucune place pour la réflexion. La mémoire tue véritablement l'esprit.

Il est à noter et à bien retenir que, dans aucune école musulmane, personne n'a jamais tenté de faire une étude réelle du *Corab*. Dans les médersas, on se contente de faire apprendre de mémoire quelques versets. À El-Azar, qui donne l'impression d'un groupement scolaire carolingien, on y ajoute la calligraphie. Jamais un musulman n'osera poser la moindre question sur l'origine du *Corab*. Le *Corab* n'a jamais suscité en Islam de vocation historique ou critique. Seuls la grammaire et surtout le Droit se sont accrochés au texte « *Corabique* », — le Droit surtout qui va fournir aux oulémas, c'est-à-dire aux « grands savants » (?) de l'Islam, — (par « grands savants », il faut entendre des élèves du niveau de la seconde occidentale) — l'occasion d'émettre des jugements absolument ridicules. Il y a cinq ou six ans, n'a-t-on pas entendu des oulémas d'El-Azar déclarer qu'il était permis à un musulman d'accepter en cas très grave une transfusion de sang impur, c'est-à-dire de sang chrétien ! — Les oulémas de la Karayouine ne veulent pas, évidemment, paraître moins intelligents que leurs confrères égyptiens, et c'est ainsi que nous apprenons, à la date du 8 août 1956, cette importante nouvelle : « Rabat. — Une plage de Salé sera désormais réservée à l'usage exclusif des femmes. L'association des oulémas a précisé que le Coran (15) n'interdit pas la baignade des femmes tant qu'elle n'a pas lieu devant les hommes ». — Ces « enfants de chœur » de l'Islam prennent-ils les occidentaux pour des nigauds ? S'imaginent-ils qu'il va se trouver encore des Européens pour croire à leurs facéties ? Ces temps sont révolus. L'époque de la poésie, de l'imagination, des *Mille et une Nuits* est passée ; et nous savons tous, maintenant, ce que représente concrètement l'Islam, le *Corab*, la civilisation musulmane, sur lesquels rêvaient encore, il y a une cinquantaine d'aimées, quelques cerveaux

---

14 — *Actualités religieuses dans le monde*, n° 45, 1er février 1955, p. 10.

15 — Je voudrais bien avoir le texte !

éthérés. Nous vivons sur un bluff religieux, le plus grand bluff du bassin méditerranéen.

2. — Emploi abusif du terme «*musulman*». — C'est à chaque instant, dans la grande littérature, dans les livres sérieux aussi bien que dans les journaux, qu'il est question maintenant de communauté franco-musulmane, de rapprochement franco-musulman, etc. ... Par exemple, dans *La Croix* du 7 janvier 1957, on peut lire cette nouvelle : « À Alger : incidents entre parachutistes et musulmans » ! Naturellement, replacée dans son contexte, cette formule est compréhensible et n'est pas tellement absurde. Mais en fait, pourquoi mettre une opposition entre les parachutistes du général Massu et les musulmanisés ? Que dirait-on si on parlait en France d'incidents entre parachutistes et catholiques, ou, en Angleterre et les pays nordiques, entre parachutistes et protestants ? Ce n'est certainement point pour stopper l'Islam que les soldats de la France — promue par définition, ne l'oublions pas, grande protectrice de l'Islam ! nettoient périodiquement les ruelles enchevêtrées de la Kasbah d'Alger !

Dans le même journal du 10 octobre 1956, on nous apprend que dans le Constantinois, on a massacré plusieurs « ouvriers musulmans ». Je suppose qu'on veut parler ici d'ouvriers algériens. Qu'ils soient musulmans ou athées, le fait importe peu dans cette circonstance, et il est inadmissible de mêler à cet acte de brigandage la notion de religion.

Il est de mode aussi dans les sphères officielles de parler de nos *frères musulmans* (16). — Que penser objectivement de cette expression ? Il nous faut ici introduire quelques distinctions. Si cette expression est prononcée par une personnalité religieuse, elle n'est pas sans valeur. On peut dire que les musulmanisés sont nos frères comme les Juifs dont ils

---

16 — On parle couramment des Français musulmans, de l'accès des Français musulmans à la fonction publique. Veut-on entendre par là les musulmanisés d'Algérie, ralliés à la France, par opposition aux Français catholiques, aux Français protestants ? Tout le monde s'embrouille dans ces définitions. Ne mêlons pas de composants religieux dans les concepts de nationalité. À la formule Français-musulmans (ce qui signifie du strict point de vue historique : Français-juifs), ne vaudrait-il pas mieux substituer : les *Algériens assimilés*, ou simplement les Français d'Algérie, ou plus simplement encore : les Algériens ?

sont originellement l'exacte copie, comme les protestants, comme les orthodoxes qui sont tout de même beaucoup plus proches de nous, en qualité de chrétiens authentiques. Les musulmanisés sont nos frères comme tout être humain, même les athées puisque nous sommes tous issus d'une même souche. Un catholique pourra dire en toute vérité : mon frère musulman, mon frère bouddhiste, mon frère juif, mon frère fétichiste, tout en maintenant dans cette fraternité une hiérarchie et d'essentielles nuances basées sur le contenu de la profession de foi. Il est évident qu'il y a plus d'affinité entre un catholique, un orthodoxe et un protestant, qu'entre un catholique et un musulman, ou musulmanisé.

Placée dans la bouche d'un Résident Général athée, franc-maçon, a-religieux, ou simplement politicien, cette expression « *nos frères musulmans* » devient véritablement ridicule. Ce serait amusant de relire les discours officiels et d'en faire une anthologie ! Plus simplement, prenons un seul discours qu'on pourra multiplier à l'infini, pour se faire une idée de nos politiciens ; le discours, par exemple, de M. Robert Lacoste, ministre résident, discours radio-diffusé le 15 février 1957 : « Il n'y aura pas d'immixtion étrangère dans les affaires de France. Les folles espérances s'effondrent. Ces folles espérances que nous condamnons parce qu'elles sont responsables de tant de crimes, ainsi que de la misère accrue et de la terreur journalière qui se sont installées dans les foyers de *nos frères musulmans*. » À supposer qu'un politicien ne parle pas pour faire du vent, mais pour dire réellement quelque chose, quel sens M. Lacoste a-t-il bien pu donner à ses paroles ? Dans son esprit, c'est bien aux musulmans qu'il s'adresse. C'est clair. M. Lacoste est-il donc compétent pour s'immiscer dans un problème religieux si complexe et pour lequel il n'a reçu aucune formation ? Et pourquoi déclare-t-il publiquement et officiellement que les musulmanisés sont nos frères, sont ses frères ? Attention ! M. le Ministre ! L'Islam n'a qu'une seule définition. Il n'y a pas un Islam nègre, un Islam algérien, un Islam marocain, tunisien, égyptien, pakistanais ! En vous déclarant frère du musulmanisé, vous acceptez par le fait même d'être frère de tout musulmanisé, et vous voilà proche parent de Nasser et d'Ibn Séoud. Je n'y vois aucun inconvénient, M. le Ministre, mais vous avouerez que cela peut paraître étrange aux profanes que nous sommes, de penser que le Ministre résident de l'Algérie, chargé spécialement de nous prémunir contre les entreprises malfaisantes de l'Égypte, est si proche parent de Nasser. En parlant de nos frères musulmans, quelle est donc votre pensée exacte ? Pour la majorité des Français, officiellement catholiques, votre expression n'a aucun sens religieux. Elle n'a non plus aucun sens ethnique. A-t-elle au moins un sens politique ? Soyons franchement objectifs. Pour les musulmans, ces expressions « *respect de l'Islam* » nos « *frères musulmans* » ne correspondent absolument à rien si ce n'est à vous faire perdre la face et à leur donner conscience de votre faiblesse et de leur force. C'est comme un bout de sucre qu'on jette à un chien hargneux et méchant. Il prendra le sucre, mais il mordra quand même ! Quant aux européens qui connaissent les musulmanisés depuis longtemps et par l'intérieur, de tels discours ne font que les exaspérer davantage et les éloigner encore plus des politiciens de la Métropole. Réfléchissons bien : quel crédit peuvent avoir des discours émaillés de pareilles balivernes ? Comment voulez-vous que, même sans avoir aucun mauvais esprit, on y accorde le moindre crédit ? Comment des hommes qui ne pensent jamais à Yahwé, ni à Dieu ni à diable, sont-ils pris d'une tendresse subite pour Allah, le dieu des musulmans, nos frères ? De grâce, évitez-nous ce langage usé, vieillot et lassant !

3. — **Emploi abusif du terme « *arabe* ».** — Il est possible que M. Ramadier ait été un très grand financier. L'avenir le jugera ; mais ce qui est absolument certain, c'est qu'il est un pitoyable ethnologue. La chose en soi n'aurait aucun intérêt si, par ses erreurs, M. Ramadier n'avait engagé la politique française dans des fondrières sans issue. Alors qu'il était Président du Conseil, M. Ramadier déclarait à la Chambre, sans l'ombre d'hésitation et avec quelque solennité, le 24 juillet 1947 : « En Algérie, il y a des Français et des *Arabes*, qui n'ont pas le même statut personnel. On doit tenir compte de l'existence de ces deux communautés qui vivent ensemble et qui, ayant des intérêts souvent identiques, gardent cependant dans leur coopération leur caractère propre. »

Cette déclaration constitue à la fois une erreur et une maladresse. Une erreur : les habitants musulmanisés de l'Algérie ne sont pas des *Arabes*. S'il restait quelques éléments arabes en Algérie, ce ne pourrait être que des descendants bien lointains et bien estompés des compagnons d'Oqba, qui n'ont guère dépassé la région de Kairouan. Ethnologiquement parlant, M. le Ministre, les autochtones de l'Algérie ne sont pas des Arabes, mais des Kabyles, des Berbères blancs, et qui ont eu, avant l'invasion arabe, leurs mœurs, leur art, et même un début de littérature. Saint Augustin, M. le Ministre, est un berbère ; et ce n'est pas la poignée d'envahisseurs arabes du VIIe siècle qui ont transformé le caractère ethnique de l'Afrique du Nord. Pour réussir sa révolution, Ataturk a pris le problème par la base en démontrant à ses compatriotes qu'ils étaient des Turcs et non pas des Arabes ; et aujourd'hui, cette juste notion élémentaire a pénétré la masse. Il nous aurait fallu en Algérie un Ataturk pour faire prendre conscience aux Algériens qu'ils possédaient leur caractère propre, et que c'était les humilier que de les confondre avec les Arabes. Ibn Khaldoun, dans ses *Prolégomènes*, avait établi depuis longtemps cette distinction (17).

Les affirmations de M. Ramadier ne constituent pas seulement une grave erreur ethnologique, mais elles sont encore d'une très grande maladresse politique. En convertissant gratuitement les algériens en arabes, M. Ramadier contribue pour sa part à forger contre nous l'unité arabe, alors que la vérité et la claire politique consisteraient au contraire à dissocier les Algériens des Arabes. Par ses imprécisions de langage, M. Ramadier porte sa responsabilité dans le désordre actuel.

On aurait pu croire qu'en dix ans notre Ministre aurait eu le temps de réfléchir sur ces graves problèmes ; qu'il aurait peut-être eu la chance de trouver un camarade pour l'instruire de ces questions, au moins d'une façon rudimentaire. Eh bien, non ! À la fin de 1956, notre Ministre déclarait encore à Toulon : « Le problème de l'Algérie réside dans la cœxistence de la *Communauté arabe*, enfermée dans le Coran (*sic*), et la communauté d'origine européenne. » N'y avait-il donc personne, dans

---

17 — Ibn KHALDOUN, *Les Prolégomènes*, trad. de Slane, Geuthner, Paris, 1934, t. I, p. 310-312 : « Autant la vie sédentaire est favorable aux progrès de la civilisation, autant la vie nomade lui est contraire. Si les Arabes ont besoin de pierres pour servir d'appui à leurs marmites, ils dégradent les bâtiments afin de se les procurer ; s'il leur faut du bois pour en faire des piquets ou des soutiens de tente, ils détruisent les toits des maisons pour en avoir... Tels sont les Arabes nomades en général ; ajoutons que par leurs dispositions naturelles, ils sont toujours prêts à enlever de force le bien d'autrui, à chercher les richesses les armes à la main, et à piller sans mesure et sans retenue... Sous leur domination, la ruine envahit tout. » Je recommande tout particulièrement la lecture d'Ibn Khaldoun à nos politiciens.

les ministères, pour superviser les discours dominicaux de nos ministres, afin de leur éviter de pareilles bévues et de pareilles absurdités ?

Tout se tient dans la maladresse et l'illogisme, une fois qu'on s'y est engagé. Nos politiciens — les anciens et les modernes — ont commencé par déclarer que les conquérants français, — qu'ils soient athées, francs-maçons, anticléricaux, peu importe —, feraient « *profession solennelle* » de respecter l'Islam, croyant par là se concilier les bonnes grâces des musulmans ! Vivons à notre manière, sans foi ni loi, mais crions bien fort que nous respectons l'Islam et que la France est protectrice de l'Islam. Ces slogans, nous le savons maintenant, n'ont eu aucune prise en Algérie. Leur principal effet est d'avoir suscité la risée et la défiance envers nos politiciens. Comment des hommes *a*-religieux peuvent-ils avoir le respect de l'Islam, et comment leurs gouvernés pourraient-ils ajouter le moindre crédit à leurs paroles et à leurs serments ?

L'Algérien est musulmanisé ; il doit par conséquent, comme tout autre musulmanisé, réciter le *Corab*.

Or, le *Corab* est un livre arabe que tout musulmanisé — qu'il soit russe, pakistanais, hindou, nègre, ne peut réciter qu'en arabe. On n'a pas le droit de réciter le *Corab* en une autre langue qu'en arabe. Le savez-vous, M. le Ministre ? Vous voyez que, très gentiment, je suis en train de vous apprendre beaucoup de choses ! Islamiser une région du globe, c'est en même temps l'arabiser (18). Il serait bien instructif de montrer d'après les décisions officielles, comment nos politiciens français ont contribué à arabiser les Kabyles et les Berbères algériens, et à les pousser par le fait même dans le clan arabe que ces Kabyles détestaient par atavisme. Respect de l'Islam, islamisation, arabisation, tout cela aboutissant à la création d'un bloc anti-français, tel est le magnifique travail de nos grands hommes d'État, Lyautey y compris. Loin de moi de mettre sur le même pied un Lyautey et l'un quelconque de nos ministres de la défunte IVe ! Je m'en voudrais d'esquisser la moindre comparaison. Lyautey fut un magnifique soldat, un grand créateur d'empire. Mais sa faiblesse est

---

18 — Originairement, les Arabes sont les indigènes de l'Arabie, gens arriérés, sans culture, et qui pratiquent encore l'esclavage. Les arabophones représentent les hommes qui ne sont pas arabes, mais qui parlent arabe, comme par exemple les Iraniens, les Turcs d'avant Ataturk, les Russes du Turquestan, les Égyptiens, les Tunisiens, les Algériens, les Marocains.

précisément de n'avoir pas compris qu'en bâtissant des mosquées, il forgeait déjà des armes contre la France. « La protection accordée par la France à l'Islam, le développement de la langue arabe dans nos écoles au détriment des dialectes berbères, l'ouverture d'écoles franco-arabes, ont étendu l'influence de la religion islamique et ont amené les individus à la mieux connaître en lisant le Coran (19). » En laissant se développer l'Islam dans nos colonies du Sénégal, du Congo et de toute l'Afrique noire, nous faisons évidemment la politique du Caire. Ministres qui fûtes les grands prédicateurs du dimanche, comprenez bien ceci : qui dit islamisation dit *Corab* ; et qui dit *Corab* dit arabisation, et par conséquent anti-européen, principalement anti-français. Soyez donc d'une prudence extrême dans vos prêches ; faites moins d'hérésies ; et si vous n'êtes pas sûrs de vos propos, faites-les corriger par des spécialistes ou, ce qui serait mieux encore, abstenez-vous de parler. Ne croyez surtout pas que votre qualité de ministre vous confère l'infaillibilité et vous donne le droit et l'autorité de parler sur n'importe quel sujet dont vous ignorez les définitions même les plus élémentaires.

4. — **Les démarches abusives**. — *a)* Semaine Nationale d'aide aux enfants musulmans d'Algérie, du 22 au 28 octobre 1956. Les journaux de Paris et, sur ordre, toutes les préfectures françaises, ont divulgué l'appel lancé par M. Guy Mollet, président du Conseil, en faveur des enfants musulmans d'Algérie. Beaucoup de Français ont protesté avec raison contre cette initiative, non pas, certes, à cause de la générosité qu'elle suppose, mais à cause de la formulation maladroite. De quoi s'agissait-il ? De venir au secours des enfants malheureux en Algérie. Ces enfants ne se souciaient nullement d'être musulmans. Ils n'ont jamais entendu parler de religion. Ce qui importe pour eux, c'est d'être mal vêtus, mal nourris. Mes nombreuses expériences sont concluantes sur ce point. Si M. le Président du Conseil avait voulu faire un geste généreux, sans arrière-pensée politique, il lui suffisait de tendre la main pour les enfants pauvres : non point les enfants pauvres « musulmans », mais les enfants pauvres de l'Algérie. Car il n'y a pas seulement, parmi les enfants malheureux d'Algérie, que des enfants

---

19 — TINTHOIN (R.), *Géographie de la cohabitation* dans « *La cohabitation en Algérie* » Études du Secrétariat social d'Alger, Alger, 5, rue Horace Vernet, 1955, p. 49.

algériens musulmanisés ; il y a aussi des enfants algériens catholiques, notamment à Ghardaïa et dans les deux communes fondées par le cardinal Lavigerie et dans toutes les villes d'Algérie. On parle toujours des riches colons ! Il ne faudrait cependant pas oublier qu'on trouve en Algérie beaucoup d'enfants pauvres, nés de parents européens ! Je pense que M. Guy Mollet n'a pas eu l'idée de les exclure de ses charités. La collecte recommandée par le Président du Conseil n'a pas eu grand succès, précisément à cause de ces équivoques, qui dénotent un manque total de sens réaliste.

Avant de réunir « les directeurs d'agences et de journaux pour les inviter à soutenir la campagne en faveur des « *petits musulmans* », M. le Président du Conseil aurait eu une heureuse inspiration en se faisant expliquer les termes mêmes de son appel et n'aurait pas mis dans un extrême embarras toutes les préfectures de la Métropole. Aussi, est-ce avec un très grand soulagement que j'ai lu dans le *Figaro* du 9 mars 1957 une dépêche en provenance de Touggourt, qui replaçait sur son véritable terrain la bonté d'âme de M. Guy Mollet. « M. Gromand, préfet », y est-il dit, « délégué de la Présidence du Conseil » et vice-président de la « Semaine nationale de solidarité en faveur de l'enfance algérienne », qui effectue une tournée dans l'Est algérien, est arrivé à Touggourt venant de Constantine.

Comme il l'a fait avant-hier à Bône, M. Gromand a assisté à une distribution, par des militaires, de mille articles vestimentaires aux enfants des écoles. »

b) Trêve de Noël. — Noël est pour la France une très grande fête. Les catholiques et les protestants y commémorent la naissance de Jésus, fils de Marie, le Christ Rédempteur. Pour les incroyants et les esprits forts, Noël reste une occasion de grandes festivités. Le « réveillon » est presque d'institution nationale. Mais, que les Français de la Métropole se mettent bien en tête une fois pour toutes que nos fêtes religieuses n'ont absolument aucun écho dans le monde musulmanisé. Les musulmanisés de la Tunisie, de l'Algérie et du Maroc ignorent pour la plupart ce que représente Mohammed lui-même ! A maintes reprises, je leur ai posé cette question : « Qui est Mohammed ? » Invariablement, j'ai obtenu la même réponse : mon père le savait ; moi, je ne le sais pas. Je crois que Mohammed est mort depuis longtemps. Je ne sais pas bien ! — Si donc vous leur parlez de Noël, à plus forte raison ce sera l'ahurissement le plus complet. Or, il existe un comité chrétien d'entente Franco-Islam (nous ne comprenons pas bien le sens de cet affreux accolage), ayant son siège, croyons-nous, 21, rue Monsieur, Paris, 6ᵉ, et qui est présidé — si nos informations sont exactes —, par M. le professeur Louis Massignon, qui a pris en 1956 la généreuse et vraiment trop naïve initiative de proposer aux fellaghas qui opèrent en Algérie, une trêve qui durerait du 22 au 25 décembre. Le même Çomité invitait tous les croyants de France et d'Algérie (c'est-à-dire les chrétiens et les musulmanisés) à s'imposer une prière préparatoire afin d'obtenir un « *cessez-le-feu* », et que s'établisse une concorde algérienne dans la justice et le respect mutuel. Je ne suis pas un tortionnaire ; je ne suis pas non plus un incroyant. Je voudrais tout simplement avoir dans tous ces problèmes un peu de bon sens et parler un langage que puissent comprendre les hommes qui ne font pas la guerre, mais assassinent, pillent, incendient, commettent les plus atroces cruautés. Concrètement, quelle sorte de répercussion pouvait avoir pareille proposition sur les cerveaux incultes des musulmanisés, fussent-ils même les plus honnêtes du monde ?

Remarquons que les chrétiens n'ont pas le privilège absolu de la naïveté, et quelquefois même du ridicule. A la fin de décembre 1956, ne voulant pas être en reste avec ces chrétiens de « *France-Islam* », l'Union civique et sociale adressait également un appel à M. Guy Mollet pour que soit établie une trêve de Noël en Algérie ! C'est vraiment du suprême comique. Cet appel vaut d'ailleurs la peine d'être lu :

Femmes et mères de France et d'Algérie, européennes et maghrébines !
Noël nous unit toutes dans la paix et l'espérance. Nous souhaitons
ardemment que cette journée soit marquée par une trêve dans les esprits
et dans les Actes.

Pour que cette trêve soit possible et efficace, il faut que ce désir de
paix soit agissant dans le cœur de chacun. Il est certainement dans le cœur
des femmes, des mères.

Unissons nos efforts pour obtenir des responsables une trêve de Noël,
signe avant-coureur et plein d'espérance d'une paix véritable basée sur la
justice, l'équité et la fraternité.

Je voudrais bien savoir quelles sont ces mères d'Algérie et maghrébines unies aux mères de France et européennes pendant les fêtes de Noël dans la paix et l'espérance ! On n'a tout de même pas le droit d'écrire de pareilles balivernes et de pareilles sottises sur des sujets aussi graves ! La réponse ne s'est pas fait attendre : tous les journaux ont noté la recrudescence d'attentats en Algérie pendant les fêtes mêmes de Noël.

c) Mesures de clémence à l'occasion du ramadan. — Le ramadan, comme chacun le sait, est le carême des musulmanisés. Il consiste officiellement à ne rien absorber, ni liquide ni solide, à ne pas fumer entre le lever et le coucher du soleil. Ce coucher de soleil est annoncé dans les grandes villes par un coup de canon. À ce moment précis, les cafés maures se remplissent et commence aussitôt un autre genre de sport que seuls peuvent comprendre ceux qui vraiment y ont assisté. Ces réjouissances bruyantes qui durent souvent jusqu'après la moitié de la nuit, accompagnées de tam-tam et de criailleries donnaient au gouvernement français l'occasion de montrer que la France était vraiment la protectrice de l'Islam. Des licences de faveur étaient accordées aux musulmanisés ; l'ouverture des cafés maures était prolongée. M. Lacoste, ministre résident, a voulu, en l'année 1957, renouveler ces gestes de bienveillance envers « ses frères musulmans ».

Alger, 31 mars. — A l'occasion du ramadan, M. Robert Lacoste a pris les mesures de clémence suivantes :

— 700 assignés à résidence dans les centres d'hébergement seront libérés dans les prochains jours.

— À compter du 15 mars, les sanctions prises à l'encontre des fonctionnaires qui, sous la pression de la rébellion, avaient pris part au mouvement de grève de la fin de janvier, seront levées, sauf appréciation des autorités responsables.

— Les préfets ont reçu l'ordre de faire rouvrir les boutiques et les magasins fermés lors de la tentative de grève insurrectionnelle de la fin janvier, sauf dans les cas de gravité particulière que les autorités responsables devront apprécier.

Comme il fallait s'y attendre, les musulmanisés se sont empressés de répondre à leur frère M. Lacoste ; et les journaux nous ont communiqué le sens et l'ampleur de cette réponse : « Plusieurs attentats ont marqué le début du ramadan.

Alger, 2 avril. — Deux séries de faits retiennent l'attention depuis hier en Algérie. D'une part, la coïncidence d'une nouvelle série d'attentats à Alger avec le début du jeûne rituel du mois de ramadan... »

Nus grands politiciens comprendront-ils donc un jour qu'ils sont la risée des musulmanisés d'Algérie ; qu'il n'y a entre leurs façons de penser, de parler et d'agir, aucune commune mesure avec celle des Algériens ; qu'on ne prend pas les principes d'une grande politique dans son imagination, mais dans la réalité objective ; que cette réalité objective, on ne la saisit pas dans des rapports de bureau, mais dans la vie concrète ; qu'il est absurde pour des politiciens de la Métropole de vouloir résoudre les problèmes algériens sans tenir compte des hommes qui sont concrètement engagés dans ces problèmes et qui les connaissent par le dedans, par une longue expérience, en dehors de toute appartenance à un parti politique ?

Je m'attendais à voir le ministre résident, M. Lacoste, soutenir comme ses prédécesseurs le pèlerinage de La Mecque pendant lequel s'organise le marché des esclaves et se forge la politique anti-occidentale ! À ceux qui voudraient passer quelques bons moments à se dilater la rate, je conseillerai de reprendre les journaux d'avant 1950, et de relire les paroles émouvantes et pieuses de nos « chers gouverneurs adressées aux chers pèlerins ». C'est à faire pleurer... de rire ; — et de tristesse. Telles sont les sottises de nos grands utopistes, que ne peuvent admettre les européens, ceux franchement réalistes, de l'Afrique du Nord.

CHAPITRE IV

CERTAINS MEMBRES DU CLERGÉ CATHOLIQUE AU SECOURS DE L'ISLAM ARABE

*M*ES conclusions exprimées en termes clair — pour éviter toute erreur d'interprétation — devaient susciter, comme beaucoup de lecteurs m'en avaient prévenu avec joie, bien des réactions. Cette attaque brusquée et motivée contre l'Islam arabe, que personne n'avait jamais osé entreprendre depuis Pierre le Vénérable, n'est pas du goût de ces apôtres nébuleux, n'ayant pas les pieds sur la terre, et qui rêvaient d'un facile rapprochement de l'Islam arabe avec le christianisme. Nous reviendrons plus loin sur l'absurdité d'une pareille politique. Pour l'instant, qu'il nous suffise de dire, pour bien situer les premières réactions contre nos conclusions, que notre travail constitue la première barrière — que je considère comme infranchissable — élevée devant la réalisation d'une communauté musulmano-chrétienne, ce qui équivaudrait à une fusion des contraires. Mais nos bons apôtres dont le bon cœur évolue en dehors de l'histoire et de la théologie ne regardent pas si loin.

C'est de quelques membres du clergé, plus ou moins mêlés au monde musulman, au moins d'une façon livresque, que proviennent les plus violentes réactions contre mes conclusions révolutionnaires.

Du 9 au 13 septembre 1957, une session du clergé du diocèse d'Alger, tenue au grand séminaire de Kouba (près d'Alger), réunissait une quarantaine de prêtres — du clergé séculier et régulier — ; y prit une part importante le R. P. L... qui suscita l'hilarité de l'auditoire, quand il s'écria : « J'aurais préféré ne pas avoir à vous parler du livre de M. Hanna Zakarias. L'auteur de « *Moïse à Mohammed* » se cache d'ailleurs sous un pseudonyme... Ces livres d'Hanna Zakarias — car il y a deux tomes et hélas ! on nous en annonce un troisième ! — ces livres, il serait à souhaiter qu'ils restent sous clef. Et je vous supplie de résister à la tentation .1c curiosité d'acheter ces livres !...(20) » Et le R.P. se mit à me découper en petits morceaux comme le ferait un authentique fellah : « Hanna Zakarias » (oh quel dommage), « refuse toute originalité au Coran(21). Pour lui, Mohammed est un arabe converti au judaïsme ! Tantôt on se trouve devant une critique interne sérieuse, tantôt l'auteur adopte le ton du pamphlet, digne du *Canard Enchaîné*(22)... Avec sérénité, il affirme l'originalité de son ouvrage et son caractère exceptionnel. Il est certain que le Coran contient des récits apparentés au *Pentateuque*, aux légendes rabbiniques, aux évangiles apocryphes. Le Coran enseigne un monothéisme rigoureux et une morale dans la ligne juive. Tout ceci est connu depuis longtemps(23). On n'attendait pas Hanna Zakarias pour l'apprendre ». — Avant de continuer le récit de cette réunion, remarquons comment on arrive à déformer substantiellement la pensée d'autrui. Je n'ai jamais dit — je tiens à le souligner — qu'on trouvait des ressemblances entre le *Coran arabe* et l'*Ancien Testament*. J'ai dit, et je le répète consciemment, que le *Coran arabe* — que nous ne possédons plus — était et ne pouvait être que l'adaptation faite par un Juif instruit, c'est-à-dire un rabbin, du *Coran hébreu* de Moïse, en arabe. Ce Juif connaissait l'arabe, et les cas du même genre ne sont pas rares. Je vous citerai seulement Maïmonide, le rabbin Moïses. Que le Coran arabe ait été identique au Coran hébreu, que ce Coran ait été composé par un rabbin, que ce Coran arabe, œuvre du rabbin, soit aujourd'hui perdu voilà mon R. P., ce que j'ai dit ; et cela, vous êtes bien obligé de reconnaître que je suis le premier à l'avoir

---

20 — Naturellement, le R. P. en s'exprimant de cette façon, a créé un véritable courant contraire à celui qu'il cherchait.

21 — C'est exact, et j'espère que mes lecteurs en sont maintenant bien convaincus.

22 — Est-ce là une des lectures habituelles du Père ?

23 — Quelles conclusions doit-on en tirer ?

démontré, et que ces conclusions, qui ne se situent à la remorque d'aucun ouvrage existant sur les questions coraniques, font déjà leur chemin, lentement mais sûrement.

Dans cette même session ecclésiastique de Kouba, le même Père se crut autorisé à exposer, d'après sa propre imagination, mes tendances politiques qu'il a daigné qualifier en ces termes : « Tendances politiques de droite. Résumé de sa thèse dans les journaux de droite... Donc argument pour maintenir la présence française. Utilisation dans un journal du genre d' *« Aspects de la France »*. — Tout ce verbiage n'a vraiment aucun intérêt, et si je le mentionne, c'est uniquement pour répondre à la curiosité de mes lecteurs-amis, naturellement en éveil.

Dans l'*Âme Populaire* de décembre 1956, no 336, l'abbé Paul Catrice écrivait de même : « Il est symptomatique de constater que l'hebdomadaire *Aspects de la France* (ex-Action-Française) et la fameuse revue de M. Madiran ont signalé et adopté ces positions combien peu iréniques. » Mes amis me croiront si je leur affirme qu'à la date du 15 avril 1958, je n'avais jamais vu, ni lu *Aspects de la France*, auxquels je n'ai d'ailleurs aucune raison de manifester la moindre antipathie ! (24) Je ne comprends pas pourquoi des prêtres, des religieux, font grief à des historiens ou écrivains de faire une prétendue politique de droite ! J'ignore absolument le sens de ce reproche. D'ailleurs, il ne s'agit pas ici de politique. Pour moi, l'Islam n'est pas une politique, mais une religion ; et comme l'Islam est, de plus, une religion volée, une religion sans dogme, sans révélation spécifique et sans Dieu personnel, j'ai tous les droits de la combattre avec énergie et je ne comprends vraiment pas comment certains prêtres manquent assez de bon sens pour comparer l'Islam arabe au christianisme et travaillent au rapprochement de ces deux attitudes religieuses dont l'une est complètement opposée à l'autre.

J'accepte très volontiers d'être classé comme homme de droite. Je remarquerai seulement que mon correspondant d'Alger, que je ne connais absolument pas, ajoute avec gentillesse de sa propre initiative : « Je me suis dit que si ce même R. P. L... au cours de la session de 1955, dont il était le grand animateur, avait mis en garde ses auditeurs contre les théories embellissantes de Massignon, peut-être n'aurait-on pas vu

---

24 — A la date du 15 avril 1958, étant dans ma propriété du Lot, j'ai acheté un premier numéro me promettant bien d'ailleurs de continuer à lire ce journal.

des militants d'Action catholique se rendre dans la mosquée de Paris pour y faire leurs dévotions ! »

Une autre réunion plus « islamique » se tint également en 1957 à Paris, rue Monsieur, à laquelle prirent part des membres de différents Ordres, dont certains se montrèrent, eux aussi, très excités au sujet de mon travail, qu'ils jugeaient comme un obstacle majeur au rapprochement tellement recherché et tellement souhaité du christianisme avec l'Islam arabe.

On me signale, en ces termes, une troisième conférence tenue à Lausanne, le 14 mai 1957.

> « *Je n'ai pu prendre de notes, m'écrit-on, tout cela m'ayant paru bien vague, et surtout à côté de la question. Car au fond, Monsieur M... qui paraît quelque peu féru d'Islamisme, a surtout insisté sur les vertus de miséricorde et de charité du Coran, SUR LES LEÇONS QUE LE CHRISTIANISME POURRAIT Y PUISER (et c'est un catholique qui tient un pareil langage en public (!) sur la vénération des femmes musulmanes pour la Vierge (!)... Quelques termes arabes çà et là qui, bien entendu, pour ce public n'étaient qu'hébreu. Un de nos excellents vicaires paroissiaux, qui vice-présidait, semblait même avoir tout oublié de ce fameux Coran du nommé Mahomet, et de toutes ces histoires arabes.* »

Tout cela est vraiment insensé et dénué de bon sens.

Des amis anonymes m'ont envoyé aussi un compte rendu de M. Louis de Prémaré, sur lequel j'ai cru bon de demander des renseignements, tellement ce compte rendu que je vais vous mettre sous les yeux est inexact et tendancieux. Ce qu'il y a de plus grave, c'est que ce recenseur qui a confié ses pensées à mon sujet dans une revue du Maroc, *Faits et Idées*, du 20 mai 1957, n'avait, au moment où il écrivait, jamais lu mes livres, qu'il compare au travail de M. Ledit, *Mahomet, Israël et le Christ*.

Écoutez :

> « *Le livre de M. Zakarias, Copyright 1955, ne commence à faire parler de lui qu'un an après sa parution* (25), *pour autant qu'il ait paru* (26), *car on ne se le procure pas en librairie ; il faut écrire « Chez*

---

25 — Le R. P. est vraiment bien peu renseigné.
26 — Le R. P. ne sait donc pas encore, à l'époque de ses appréciations, si mes

l'auteur, B. P. 46, Cahors », *ainsi qu'il est mentionné sur le livre à la place où l'on mentionne habituellement la maison d'édition. Pour un peu, c'est « sous le manteau » que ce livre circulerait. L'auteur n'est-il donc pas sûr de ses lecteurs ? Ou bien a-t-il quelque chose à se reprocher ? »*

Je suis toujours plein de respect pour la naïveté et je m'en voudrais d'éprouver vis-à-vis du P. Louis de Prémaré le moindre sentiment désagréable. Je lui conseillerai tout au plus très gentiment d'être très prudent quand il parle. Non, je n'ai rien à me reprocher ; et si je n'ai pas pris d'éditeur, c'est que je n'avais pas l'argent suffisant pour le payer. Par ailleurs j'étais tellement sûr de mes lecteurs, que je me suis lancé sans aucune crainte dans cette aventure financière. Comme le R. P. L..., conférencier de Kouba, L. de Prémaré n'a pas vu mes livres ; c'est sur le vu, comme il le dit lui-même — d'un prospectus, tiré par l'imprimeur, sans mon assentiment (27), et par erreur, qu'il se permet de les juger dans une revue où l'on pouvait s'attendre à trouver un peu plus de sérieux et de compréhension :

« Ici (avec M. Zakarias confronté avec M. Ledit), on ne sait plus trop où l'on se place : s'agit-il de Coran ou de Canal de Suez ? De l'Islam, de la Ligue Arabe, ou de la guerre d'Algérie ? S'agit-il de présenter une opinion scientifique ? S'agit-il d'une polémique politique ? Ces prospectus sont pour le moins inquiétants ! (Pauvre petit !) Nous sommes partisans de la liberté d'expression. Nous sommes partisans de la liberté d'opinion (c'est le style d'un discours électoral). Mais nous sommes aussi pour le respect des autres, pour ce minimum de charité que le chrétien doit avoir dans son cœur et dans ses paroles, vis-à-vis des confessions religieuses différentes de la sienne (28). »

---

travaux ont paru.

27 — Lettre du 25 février 1957 : « Monsieur, nous avons bien reçu votre lettre du 22 février dans laquelle vous nous *rappelez* que sur les derniers prospectus que nous vous avons adressés, nous avons fait figurer une mention pour laquelle vous ne nous aviez pas donné votre accord : nous le regrettons et nous en excusons. Pour éviter la perte de ces prospectus, nous vous proposons de rogner purement et simplement le haut de ceux-ci pour en faire disparaître la mention incriminée. »

28 — Ce jugement est simplement ahurissant quand on pense que ce jeune recenseur n'avait même pas vu mes ouvrages !

Les *Nouvelles de Chrétienté*, n° 129, 31 mai 1957, qui produisent en entier l'article du P. Louis de Prémaré, concluent p. 32 par un paragraphe intitulé : L'Islam « engage ses adeptes dans une voie qui n'est pas celle du Christ » (S. S. Pie XII).

« *Ainsi donc, le premier livre (de M. Ledit) est jugé d'après son contenu, l'autre (H. Zakarias), d'après les prospectus de propagande. L'un est considéré avec sympathie, car ce n'est qu'un « essai » de 174 pages, l'autre, non, car c'est une thèse de 700 pages... ; l'un, parce qu'il est édité « tout bonnement en librairie », l'autre, parce qu'il faut se le procurer « chez l'auteur, B. P. 46, Cahors ».*

« *Nous avouons que cela nous paraît un peu maigre. Nous apprécions beaucoup, au contraire, la manière de l'Ami du clergé dans la critique du livre de Zakarias (16 mai 1957).*

« *Car les problèmes qui se posent sont d'une extrême gravité. Selon l'encyclique* Fidei donum *« l'attrait facile » de l'Islam constitue l'un des graves obstacles au progrès de l'Évangile ».*

« *Vous savez certainement l'attrait facile qu'exerce sur l'esprit d'un grand nombre une conception religieuse de la vie qui, tout en se réclamant hautement de la Divinité, engage néanmoins ses adeptes dans une voie qui n'est pas celle de Jésus-Christ, unique Sauveur de tous les peuples. Notre cœur de Père demeure ouvert à tous les hommes de bonne volonté ; mais, Vicaire de Celui qui est la Voie, la Vérité, et la Vie, Nous ne pouvons pas considérer sans une vive douleur un tel état de choses.* »

« *On sait en effet que l'Islam fait tache d'huile, et que les peuples qu'il gagne sont fermés pour longtemps à l'Évangile. Ce fléau prend les proportions d'une catastrophe peut-être « irréparable. »*

« *Dès lors, il peut sembler utile, pour ne pas dire nécessaire, « même si des termes un peu vifs étonnent d'abord, — mais ils sont employés pour éveiller l'attention et crier le péril —, il peut sembler nécessaire de lire le livre de Zakarias, qu'on le réfute ou qu'on l'admette.* »

« *Ce livre, à notre sens, est susceptible de faire mieux comprendre l'avertissement du Pape*(29); *il a l'avantage de s'appuyer sur* « *des*

---

29 — Dans *Carrefour*, du 2 janvier 1957, M. Gabriel Marcel fait cette remarque très pertinente : « Le Saint Père nous rappelle de la façon la plus nette que jamais on ne peut faire de bonne politique avec le seul sentiment ; encore moins la vraie

critères purement » scientifiques et religieux et de rejeter l'islamophilie sentimentale et devenue traditionnelle grâce à laquelle les différences et oppositions doctrinales disparaissent devant l'amour fraternel que l'on doit aux musulmans comme aux arabes. La véritable charité consiste à ne point brouiller la vue. Ni Notre Seigneur, ni les Apôtres, ni le diacre saint Étienne, ni saint Paul n'ont hésité à contredire ou attaquer les scribes et les Pharisiens. Et c'était la plus haute charité qu'ils leur pouvaient faire de ne point les laisser dans l'erreur. Le danger de l'islamisation doit être rigoureusement perçu et combattu, en déposant tout esprit « politique » de fausse entente qui réserverait pour demain de terribles surprises. »

Je ferai remarquer aussi à ce jeune religieux que si j'ai pris légalement un pseudonyme, entrant ainsi dans une sorte de clandestinité (une fois de plus), il aurait dû en comprendre les « raisons » je ne suis pas seul au monde. Je fais partie d'une race, d'une nation, plus précisément encore d'un groupe et on oublie bien souvent que le groupe n'est pas responsable de l'action de tel ou tel de ses membres ; et c'est parce que j'ai voulu sauver le groupe, que j'ai renoncé à ma personnalité. Nos saints Livres n'ont-ils pas rappelé à maintes reprises la responsabilité personnelle des individus, — ce qu'oublient précisément beaucoup d'États d'aujourd'hui —, comme aux temps de nos rois :

« *Ananias devint roi à l'âge de cinq ans et régna vingt ans à Jérusalem... Lorsque le royaume se fut affermi sous son gouvernement, il mit à mort ceux de ses officiers qui avaient tué son père. Mais il ne fit pas mourir leurs fils, car il est écrit dans la Loi*(30)*, dans le Livre de Moïse,*

---

politique d'aujourd'hui avec les sentiments d'hier et d'avant-hier. Ceci est d'une importance capitale. Quant François Mauriac, dans l'article à la fois injurieux et incompréhensif par lequel il répondait dans l' « *Express* » — ou plutôt ne répondait pas — à ce que j'avais moi-même écrit dans « *La France Catholique* », osait déclarer que les rebelles (algériens) sont nos amis, « oui, même ces furieux qu'il s'agit de ramener », il cédait à la pire, à la plus mensongère sentimentalité. Ces hommes ne sont pas nos amis, ils nous détestent, et non pas seulement nous, mais la civilisation millénaire dont nous sommes encore les représentants, d'ailleurs trop souvent indignes. Il n'y a rien à gagner, il y a au contraire tout à perdre à vouloir s'aveugler sur ce qui est, hélas ! un fait. »

30 — Deut. XXIV, 16.

que Yahvé a prescrit : « Les pères ne mourront pas pour les fils, ni les fils pour les pères, mais chacun mourra pour son crime (31). »

Que celui qui peut comprendre comprenne, et ne se hâte pas de porter des jugements inconsidérés.

☩

On a utilisé aussi la correspondance avec des tiers pour essayer de démolir mon œuvre. Voici par exemple une lettre d'un « grand » professeur d'histoire de religion dans un des grands Instituts français, qui se trouve comme frappé d'une crise de delirium :

« Le livre d'Hanna Zakarias », écrit-il dans une lettre destinée, je suppose, à être divulguée puisqu'elle m'est arrivée dans ma boîte postale, va à l'encontre de ce que l'on cherche de plus en plus à établir : l'existence d'un vague monothéisme en Arabie préislamique (32) *... Un ami me constitue un dossier sur ces livres...*

« Quand on fait de l'histoire des religions depuis longtemps, ces fantaisies sont lamentables ! »

Vous avez bien lu, lecteurs-amis : ces faux savants commencent par élaborer imaginativement une thèse, dans le cas précis qui nous occupe, l'existence d'un vague monothéisme en Arabie préislamique, ce qui expliquerait le monothéisme dans le « *Coran* » et chez Mohammed. Ensuite, au boulot ! Une fois ce monothéisme rêvé, il faut le trouver. On le trouve ou on le trouvera ; et on concluera que ce vague monothéisme a été utilisé par le génial Mohammed pour faire son « *bouquin* » non

---

31 — II Chron. xxv, 1-4.

32 — Pourquoi vouloir chercher un vague monothéisme en Arabie préislamique ? Pourquoi cet *a priori* dans la recherche ? Tout cela ne ressemble guère à une méthode scientifique. Les savants ont voulu trouver également des antécédents à Moïse et lui préparer ainsi un tremplin pour son monothéisme sinaïtique. À la date du 1er septembre 1958, je lis dans un journal, qu'un dominicain de l'École Biblique de Jérusalem, savant éminent et authentique, si on en juge d'après ses écrits, le P. Couroyer « part en guerre contre les égyptologues qui ont cru déceler l'idée de monothéisme dans l'Égypte ancienne ». Les propos qu'il combat sont plus apologétiques que scientifiques, et ils sont destinés à disparaître les uns après les autres pour faire place à des recherches plus objectives.

moins génial, le « *Coran* » qu'il n'a, d'ailleurs, jamais lu ! Et voilà comment travaillent certains soi-disant savants des instituts scientifiques français ! C'est tout cela qu'il faut balayer et renouveler. Et ce grand professeur continue. Écoutez, chers lecteurs. C'est très amusant :

« Hanna Zakarias a tort, la preuve en est faite.

« Et voici cette preuve :

« Il y a des années que je m'occupe de ces problèmes (de l'Islam) et jamais je n'ai entendu parler de pareilles solutions (33) *! »*

On ne réfute pas des thèses, mêmes révolutionnaires, avec de pareilles calembredaines !

C'est encore sous forme de lettre-pamphlet, destinée, sans doute, à être divulguée elle aussi, bien que l'auteur s'en défende, qu'un arabisant, sinon un coranisant de profession, attaque avec une certaine « *furie* » mon travail sur le Coran :

« Hanna Zakarias manque de respect pour les sentiments d'autrui ; ce livre fait penser à certaines polémiques anciennes contre l'Islam. On y trouve des ironies injurieuses, l'insistance pénible sur certains points classiques et polémiques. Quel besoin a-t-il de soulever encore une fois de vieilles querelles au lieu de les signaler sans insister... Pourquoi appuyer sur le fait que Marie dans le Coran est dite fille d'Imran et sœur d'Aaron, exactement ce que la Bible dit de Myriam sœur de Moïse. Pourquoi s'extasier sur la sensualité des Arabes, etc. ... Ce sont des choses qui mettent en boule nos amis et à propos desquelles l'ironie insistante est de fort mauvais goût ! »

Il est évident que mon travail a profondément « bouleversé » ce grand sensible. Mais raisonnons un peu : si j'ai réagi aussi vertement contre les coranisants et si je suis prêt à reprendre la bataille, c'est que leurs commentaires m'ont paru tellement niais et ridicules (34) que j'en

---

33 — Lettre du 21 mars 1957.

34 — Ces petits jeunes — on est jeune à tout âge — s'imaginent volontiers qu'en glissant un mot arabe dans leurs dissertations, ils en paraissent plus savants. Molière, dans la *Critique de l'école des femmes*, scène VII, a déjà fait allusion à cette tendance enfantine : « *Ah ! Monsieur Lysidias, vous nous assommez avec vos grands mots. Ne paroissez point si savant, de grâce ! Humanisez votre discours, et parlez pour être entendu. Pensez-vous qu'un nom grec donne plus de poids à vos raisons ? Et ne*

suis profondément lassé. J'ai fait un effort incessant et, je vous assure, bien méritoire, pour sortir de cette sorte de bain maure rempli de miasmes et de sottises, pour me replacer seul, par mes propres forces, sur la rampe du bon sens. J'ai usé de l'ironie, non point de l'injure, sachant que l'ironie plus que l'injure a souvent valeur de piqûre mortelle. Mais, réfléchissez un peu : pourquoi m'enlever le droit de revenir sur certains points de polémique, puisque jamais personne n'a élucidé ces points ? Est-ce vrai, oui ou non, que le paradis des musulmanisés mecquois est peuplé de houris (35) très alléchantes et de petits éphèbes (36) provoquants ? Si c'est vrai, pourquoi le cacher ? Et pourquoi voulez-vous faire l'exégèse du Coran, en passant ces textes sous silence ? Est-ce vrai que Marie, Mère de Jésus, est présentée à plusieurs reprises comme Marie, sœur de Moïse et d'Aaron ? Je sais bien que pareils versets sont très ennuyeux pour maintenir l'inspiration divine du Coran. Allah qui paraît si fort en sciences bibliques et talmudiques aurait bien dû savoir que Marie, Mère de Jésus, n'est pas identique à Marie, sœur de Moïse. Mais si Allah s'est trompé — ce qui peut arriver à de très honnêtes gens — est-ce une raison pour le cacher aux lecteurs du Coran ? Vous me dites qu'il vaut mieux passer tout cela sous silence, parce que « ce sont des choses qui mettent en boule nos amis ». Attention. Je n'attaque point vos amis, je traite simplement d'une question de doctrine et non point de personne. Ces hommes peuvent être vos amis et rien n'empêche cependant de trouver que leur religion n'est qu'un plagiat, et leur histoire religieuse un ramassis de sottises. À vous de les éclairer à fond. Mais attention encore : est-ce faire preuve d'amitié que de passer un gant de toilette sur le bout du nez d'un homme crasseux, en lui faisant croire qu'après cette petite opération il peut se présenter dans un salon, et affronter une société qui s'y trouve en habit de cérémonie ! Croyez-moi, les demi-mesures, les atermoiements ne sont pas fils de vérité et de charité. Et l'auteur de cette lettre datée de juin 1957 se termine par cette menace de chantage que je livre à mes lecteurs amis :

---

trouveriez-vous pas qu'il fût aussi beau de dire : l'exposition du sujet, que la protase ; le nœud, que l'épitase ; et le dénouement, que la péripétie ? »

35 — Houri : (Du persan *houry*) Femme du paradis de Mahomet. Par analogie, très belle femme.

36 — Éphèbe : (Du grec *ephèbos*) Jeune homme arrivé à l'âge de la puberté.

« *Quant au travail de Hanna Zakarias, nous sommes bien décidé à ne pas en parler. Plus vite il disparaîtra dans l'oubli, mieux ce sera. Si, par contre, on fait du bruit autour de lui et si on le prend au sérieux, alors nous écrirons et vous devinez, d'après le ton de cette lettre, ce que sera le compte rendu* (37). »

Cette menace constitue un véritable chantage et ce chantage bien loin d'émousser mon courage, décuple au contraire mes énergies pour la continuation de mon travail. Ne croyez pas, chers lecteurs, que ce sont les musulmanisés qui expriment ici leurs craintes, ou quelques savants islamisants retardataires, qui seraient gênés par mes conclusions. Non point : ce n'est pas dans ces milieux qu'il faut chercher l'auteur de ce chantage, et je n'ose moi-même vous dire la vérité, tellement j'en ai honte.

L'auteur de cette lettre fait encore cette remarque :

« *Il y a de tout dans ce travail de H. Zakarias. Voici ce qui m'a le plus frappé dans les 650 pages de ces deux tomes (Dieu nous préserve des tomes suivants qu'il annonce également* (38). »

Mais oui, ces coranisants ont peur de mes volumes sur Médine, qui paraîtront bientôt. L'animateur de la réunion de Kouba s'était écrié ,aussi :

« *Ces livres de Hanna Zakarias, car il y a deux tomes et hélas ! On nous en annonce un troisième, ces livres, dis-je, il serait à souhaiter qu'ils restent sous clef et je vous supplie de résister à la tentation de curiosité d'acheter ce livre !* »

---

37 — On lira plus loin la réponse de G. de Nantes à cette lettre secrète dans l'*Ordre français* de juin-juillet 1956, p. 36-51. L'auteur de cette lettre peut se mettre à l'œuvre, car le succès de mon travail est en plein épanouissement.

38 — L'auteur de la lettre renvoie à mon travail *De Moïse à Mohammed*, t. II, p. 274 où j'écrivais : « *Que se passera-t-il à Médine ?... Nous essayerons de le raconter dans un second travail qui nous promet d'agréables surprises et nous donnera de nouvelles et nombreuses occasions de mettre en relief pour la joie de nos lecteurs, les méthodes hilarantes de nos fameux exégètes coraniques. Pareils à des hommes étranglés par des tentacules de fer, on les croirait frappés de paralysie, bouche-bée devant les stupides sornettes imaginées par d'ignares musulmans.* »

— On ne pouvait me faire meilleure propagande. Mais nous constatons malheureusement que l'hérésie trouve d'acharnés défenseurs parmi certains membres du clergé catholique, tout particulièrement chargé de garder dans son intégrité et sa clarté le dépôt de la vérité.

C'est dans les *Nouvelles de Chrétienté*, du 13 juillet 1956 que j'ai pris connaissance du jugement sommaire de M. Luc Baresta dans *l'Homme Nouveau* du 8 juillet précédent :

> « *Nous ne pouvons suivre*, dit-il, *en toutes ses démarches... les violents courants de matérialisme* ».

Sur ce texte, l'auteur de l'article : L'entente islamo-chrétienne paru dans le n° précité des *Nouvelles de Chrétienté*, ajoute cette remarque que je suis heureux de reproduire :

> « *Comment il faut lire le livre d'Hanna Zakarias.* — *En réalité, le livre d'Hanna Zakarias peut n'être pas admis, mais il faut alors le réfuter. C'est un document sérieux qu'il est bon de lire dans son texte intégral. Nous verrons vite que dans cet ouvrage il n'est nullement question de renfermer l'Islam sur lui-même puisque l'auteur regrette précisément un dangereux manque de sens historique et critique ; il n'est pas question non plus de renfermer les catholiques sur eux-mêmes puisque Hanna Zakarias s'élève contre les mauvais arguments dont on s'autorise pour unir l'Islam et la Chrétienté. Ni l'obscurantisme des uns, ni le confusionnisme des autres ne sont des moyens sûrs et licites d'une véritable entente.*
>
> « *Le livre d'Hanna Zakarias nous invite aussi à nous garder d'une sorte d'égalisation dans les rapports islamo-chrétiens. Il conduit à un accord sur le plan de la charité, non de la doctrine. C'est une question de loyauté. Accord aussi sur le plan de l'antilaïcisme. Car l'Islam est encore imprégné de la toute-puissance divine, mais il faut savoir que le rempart doctrinal que l'Islam oppose au laïcisme est devenu fragile. Sans ces prudences, nous risquons des surprises fort désagréables, et tout à fait dommageables à la paix du monde.* »

« *Votre ouvrage*, m'écrit par ailleurs un grand seigneur de l'érudition, *mérite de faire du bruit, surtout en ce moment, et j'espère qu'il ne sera pas étouffé. La présentation de vos volumes est excellente et le contenu, à mon point de vue, au-dessus de tout éloge. Cette*

« *bombe* » *devrait être propagée très largement parmi nos idéalistes mystico-pan-arabes* (39). »

Tout ceci compense largement cela ; mais écoutons la suite.

---

39 — Lettre du 27 février 1957, provenant d'une personne qui possède une large expérience des pays musulmans ; voir aussi lettre du 10 juillet 1957 : « *Votre ouvrage fait l'effet d'une bombe.* »

CHAPITRE V

RÉACTION MASSIVE DES CATHOLIQUES CONTRE CETTE FAUSSE MANŒUVRE

C'EST stupéfiant de voir des membres du clergé catholique, qui ont dû faire cependant un minimum d'études théologiques, d'études historiques, se porter garants de l'Islam arabe, qu'ils ne connaissent sans doute, — soit dit pour les excuser —, que par certains journaux, par des cartes postales, ou au plus par quelques conversations, à moins qu'ils ne soient spécialistes — ce qui, dans le cas, les rend plus excusables encore. Sur ce maigre bagage ou sur leur érudition, ils se sont forgé des théories soit anticolonialistes, soit pro-musulmanes, et du terrain politique, ils ont glissé vers des projets apostoliques tendant ni plus ni moins qu'à une certaine unification entre l'Islam et le catholicisme. J'ai même entendu de mes propres oreilles — et les témoins ne manquaient pas — dans une conférence, un séminariste soldat en Algérie affirmer sérieusement qu'on cachait la vérité aux Français en France ; que l'Islam était une religion très belle et que beaucoup de Français s'y convertissaient. La preuve, c'est qu'en Algérie on parlait très souvent de Français musulmans !

Heureusement, il existe des catholiques beaucoup plus avertis, moins ignares et beaucoup plus circonspects, et j'ai plaisir à vous dire, chers lecteurs-amis, que les meilleurs encouragements me vinrent du clergé, de revues catholiques et de chrétiens instruits dans l'histoire des religions.

> « *J'ai lu avec enthousiasme, au cours de ces deux semaines, les deux premiers volumes de votre magnifique ouvrage. Vos démonstrations sont lumineuses. Comme chrétien, je me sens profondément convaincu par votre thèse : le rôle de « prophète » attribué à Mahomet, m'avait toujours choqué, et ceci remonte à 1915, époque à laquelle, partant aux Dardanelles, j'avais emporté un Coran avec moi* (40). »
>
> « *J'ai déjà parlé autour de moi de cette hypothèse révolutionnaire dont la logique est impressionnante. Évidemment, toutes les études de l'Islam ont été faites à partir d'un postulat, admis sans vérification, à savoir qu'il y avait eu Révélation. C'est ce postulat que vous mettez en doute et dont vous démontrez le non-sens.*
>
> « *Alors, tout s'écroule ou tout au moins change d'aspect. J'ai sous les yeux les notes de M. H. Clavier, professeur de théologie protestante à l'Université de Strasbourg, cours orthodoxe bien entendu, mais le professeur s'étonne cependant au passage, de la curieuse similitude de certaines sourates avec certains psaumes de la Bible (Ps. 103, 121, 134). Il reconnaît que le Coran est à peu près d'accord avec la révélation biblique et que Mahomet prétend être plus fidèle à la Bible que les chrétiens et les Juifs* (41). »

C'est encore un autre érudit, très connu dans le monde savant, qui m'écrit :

> « *Votre ouvrage est bien la réussite que j'attendais. Il a été écrit avec courage, érudition (naturellement). Esprit et esprit. Vous allez certainement recevoir un courrier assez pittoresque, et naturellement la vérité historique ne sera pas du goût de tout le monde. Vous savez que je connais par expérience ce qu'en coûte d'ouvrir de nouveaux chemins ; mais moi je vous dis de tout cœur : Bravo* (42) »

Chers lecteurs, comme vous le supposez, mon courrier est en effet très varié, et rempli de suggestions nouvelles :

> « *Je vous prie d'agréer mon respectueux remerciement pour le plaisir que j'ai pris à lire vos deux savants volumes :* « De Moïse à Mohammed ». *J'y ai trouvé une curieuse confirmation de ce que*

---

40 — Lettre du 8 avril 1957.
41 — Lettre du 10 avril 1957.
42 — Lettre du 10 avril 1956.

j'avais aperçu du point de vue de mon métier. Si j'ai bien compris votre conclusion : le rabbin de La Mecque au VIIe siècle a traduit en arabe le Coran de Moïse. Plus habile et plus zélé que le curé de La Mecque, il a converti au monothéisme le chamelier Mohammed qui va l'introduire chez ses camarades du centre caravanier. Le chamelier apprend bien sa leçon, l'accommode aux mœurs des arabes, et fera si bien que l'Islam triomphera de Samarkande à Poitiers. L'Islam a copié les Hébreux, non les chrétiens.

« *Ai-je tort de traduire comme suit sur le plan de mon métier : Les Arabes en construisant leurs lieux de prière copient le plan des synagogues et non celui des églises, au moins au début, en Syrie et en Égypte. Les synagogues sont des rectangles couverts qu'on aborde en largeur. La porte d'entrée et la niche de la Thora se fait face au milieu des grands côtés. Les fidèles se rangent sur les longs côtés, rarement sur un 3e, jamais sur le 4e.*

« *Les Juifs s'alignent en largeur côte à côte pour prier (synagogue de Doura Europos).*

« *Les premiers disciples de Mahomet se rangent de même à ses côtés dans le désert pour prier. Le chamelier orientait la prière en jetant son javelot devant lui. Plus tard, la mosquée tente des sédentaires, sera un rectangle couvert d'un plafond. Le mirab, simple repère d'orientation, sera creusé au milieu du long côté oriental. On multipliera ensuite les rangées de colonnes parallèles en profondeur. Tels sont les plans de la mosquée d'Amr au Caire et de la mosquée Ommeyade de Médine* — Les musulmans s'alignent en largeur pour prier.

« *Les chrétiens ont adopté pour leurs églises les plans des basiliques civiles (Aspendos) et des sanctuaires d'initiation (basilique pythagoricienne de la Porte Majeure à Rome).* Les chrétiens s'alignent en long, en profondeur, l'un derrière l'autre pour prier.

« *Ils se tournent vers l'autel, la table, où l'officiant regarde toujours l'Orient, quelle que soit la position de l'abside construite sur le petit côté du rectangle. Si l'abside est à l'Ouest, le prêtre regarde les fidèles et la porte, qui est à l'Est. Après le Ve siècle, quand l'abside est construite à l'Est, le prêtre tourne le dos aux fidèles. À Rome, l'abside de saint Pierre est à l'Ouest, et, à l'autel, le Pape regarde l'assistance et la porte, qui est à l'Est.*

> « *Plus tard, les chrétiens de Constantinople feront des églises dites « à plan central » pour placer une coupole. Les musulmans prendront des architectes grecs (le janissaire Sinan) qui imiteront Sainte-Sophie dans les mosquées impériales ; mais quand ils s'empareront d'une église en long, ils y disposeront leurs tapis en large pour effacer l'orientation chrétienne et adopter l'orientation judéo-arabe (église Saint-Jean-Baptiste, puis grande mosquée à Damas). Émile Mâle l'a remarqué dans la* « Fin du paganisme en Gaule » *(Flammarion, 1950, p. III.)* »

Un de mes lecteurs me communique une lettre qu'il a lui-même reçue d'un de ses amis :

> « *Je viens de terminer la lecture d'un livre en deux volumes :* « De Moïse à Mohammed », *par un certain Hanna Zakarias. Je t'avoue que je lui dois l'une des jouissances intellectuelles les plus savoureuses de toute ma vie.*
>
> « *Enfin, de la véritable histoire. Rien qui ne soit avancé sans preuve. Toute affirmation est étayée par des faits irréfutables. Qu'est-ce qu'ils prennent les coranisants de pacotille, les exégètes motorisés. Jamais l'école de « natation » coranique ne parviendra à reprendre son souffle. La cause est définitivement jugée. Je suis sûr que les volumes suivants seront un nouveau régal pour tous ceux qui, comme moi, sont à jeun d'une nourriture authentique dans ce domaine de l'Histoire du Coran* (43). »

C'est ainsi que, sans aucun service de presse, mon travail creusait sa route et pénétrait les esprits, leur apportant une vérité que beaucoup ne soupçonnaient même pas. Je n'ai pas cherché un succès de librairie, je n'ai pas visé à l'obtention d'un prix académique. Je n'ai pas travaillé non plus dans l'espoir d'un gain fructueux. Mais j'ai eu de plus fortes consolations. Grâce à leur discrétion, mes ouvrages sur l'Islam sont devenus des livres de famille. Un livre acheté chez l'éditeur ou le libraire est ravalé au niveau d'une simple marchandise. L'ouvrage, en pénétrant dans le public, perd pour ainsi dire sa personnalité. Un livre affiché à la vitrine d'un éditeur, devient un livre anonyme. Il en va tout autrement quand on supprime tout intermédiaire entre l'auteur et l'acheteur. Il s'établit entre eux des liens de compréhension, des affinités de pensée, des conventions intérieures au profit et de l'acheteur et l'auteur.

---

43 — Lettre communiquée le 12 juin 1956.

J'ai éprouvé vivement ce sentiment de compréhension, en lisant le numéro des *Nouvelles de Chrétienté*, du 14 juin 1956, que des amis inconnus me communiquèrent. Je crois que c'est la première fois que mon travail était présenté au public :

> « *L'Islam cet inconnu. Un livre de choc sur l'Islam. À cette époque où se pose le problème du rôle civilisateur de la France dans les pays islamiques qui dépendent d'elle, il peut être bon de savoir ce qu'est l'Islam et ce que nous devons faire pour les hommes qu'il soumet à son indéniable obscurantisme. Deux forts volumes, signés Hanna Zakarias et que l'on peut trouver chez l'auteur, Boîte Postale 46, Cahors (Lot), viennent d'élucider les origines du message musulman d'une manière rigoureuse et solide qui de prime abord, dit l'auteur, chez les musulmans et chez les érudits occidentaux,* « bien sagement conformistes, fera crier au scandale et à l'impiété »... *M. Hanna Zakarias se préoccupe d'appliquer aux origines de l'Islam la rigoureuse méthode de l'histoire. Cet auteur semble fort averti de son sujet ; son livre est rempli de démonstrations précises. Il est écrit, cela va sans dire, avec une probité qui ne fait point de doute et dans un esprit qui ne se laisse point aller à ce dénigrement systématique qui ne conviendrait pas plus à un savant soucieux de vérité qu'à un catholique respectueux du sacré. Un certain nombre de coranisants catholiques partent de ce principe que l'ennemi le plus menaçant est le communisme. Il faut par conséquent empêcher l'Islam de se tourner vers la Russie pour atteindre ce but, il faut, pour ainsi dire, l'occidentaliser, ce qui équivaut à grouper les forces spirituelles du monde entier pour en faire un bélier contre les forces de destruction. C'est fort bien ; mais l'erreur, c'est tout simplement de considérer l'Islam comme une force spirituelle !!! Ce n'est pas en faisant une salade russe dans laquelle on mettra comme ingrédients le catholicisme, le protestantisme, l'orthodoxie, le bouddhisme et l'Islam arabe, qu'on luttera efficacement contre le communisme russe. Il y a vraiment trop de niaiserie dans cette vue politique.* »

> « *Il est devenu classique* disent encore les *Nouvelles de Chrétienté* dans ce même numéro du 14 juin 1956 : *de déclarer l'Islam impénétrable, inconvertissable. Le livre fortement charpenté (d'Hanna Zakarias) permet de sortir de cette impasse. Nous ne pouvons que nous en réjouir, car le sort de millions d'hommes que le communisme guette*

ou dont le simplisme religieux peut renforcer et exaspérer le nationalisme primaire, en dépend. L'indéniable et fort admirable sentiment religieux qui anime l'Islam, c'est à nous chrétiens, de le faire tourner vers Celui qui est venu apporter au monde le message libérateur de l'Amour. Notre rôle en Afrique ne fait que commencer(44) *et les soldats qui meurent sur ce sol embrasé seraient heureux de savoir qu'ils contribuent à une véritable libération, si nous ne nous laissions pas ensorceler par nous ne savons quel respect indistinct de l'Islam, nous ne savons par quelle complaisance à l'égard d'un néo-arabisme nationalitaire qui est peut-être le dernier sursaut de fanatisme devant la marche conquérante du Christ vainqueur, qui vient à tous les hommes dans la douceur et dans l'humilité. L'auteur de cette sérieuse et objective recension finit par ces termes d'une extrême justesse et que nous livrons à la méditation de nos coranisants catholiques :*

« L'Islam n'est qu'une communauté d'Arabes convertis au judaïsme par un rabbin et par Mohammed, son porte-parole ; c'est une religion qui se présente comme contraire au christianisme sur les points mêmes où les chrétiens se séparent du judaïsme. Telle est la conclusion du livre dont nous avons cru devoir donner connaissance pour éviter aux catholiques la déconvenue d'impossibles accords. »

C'est encore un prêtre de très haute valeur — ignorant complètement mon identité — qui m'écrit le 3 septembre 1956 :

 « J'ai reçu avant-hier votre ouvrage et j'en poursuis passionnément la lecture. Aujourd'hui où les problèmes du monde « musulman » se posent d'une façon aiguë et où les « spécialistes » chargés de les résoudre s'agitent en plein brouillard, ne sachant s'il s'agit d'une affaire politique ou religieuse, ou politico-religieuse, beaucoup feraient bien de se demander d'abord ce que c'est que l'Islam, de méditer un peu sur votre ouvrage. On débiterait sans doute un peu moins d'âneries sur la question, tant du côté « laïque » que du côté « catholique ».

(Hélas ! C'est sur ce ton que m'écrivent la plupart des prêtres, qui trouvent dans mon travail une véritable libération). Un évêque très informé du problème islamique m'écrit :

---

44 — Ces considérations qui suivent seront classées naturellement par les jeunes énergumènes catholiques, comme des slogans de la politique de droite.

> « *J'ai reçu votre livre au début du mois, et j'ai déjà lu le premier volume avec un grand intérêt. C'est la première explication cohérente et raisonnable que je trouve sur les origines de l'Islam. Je pense cependant qu'il faudra longtemps aux musulmans pour admettre les simples données du bon sens. Ils sont trop imbus d'irréalisme merveilleux* (45). »

Une autre personnalité m'écrit à peu près dans les mêmes termes, dans une lettre envoyée de plusieurs milliers de kilomètres :

> « *C'est la première chose sensée que j'ai jamais lue sur la question musulmane ; aussi je ne manque pas de vous faire de la publicité.* »

Je pourrais évidemment donner les noms et qualités de mes correspondants. Je ne le fais pas, pour cette unique raison que beaucoup d'entre eux vivent derrière des *moucharabiehs* (46) de bois (47) et que je ne voudrais à aucun prix leur attirer le moindre inconvénient. C'est de Terre d'Islam, comme on dit très improprement, que me parvient encore cette autre lettre de la part d'un prêtre :

> « *C'est le professeur de philo du lycée qui m'avait parlé de votre livre. Il en est emballé ainsi qu'un autre professeur, docteur en philosophie de Louvain. Ils voudraient avoir une entrevue avec vous* (48).
>
> « *Je souligne la portée immense de votre découverte... mais vous allez rencontrer quantité d'objections dont la plupart seront basées sur la tendance intellectuelle qui consiste dans le remplacement des faits (et de leur interprétation logique) par des slogans qui les mutilent ou les transforment pour les faire rentrer dans des cadres pré-fabriqués. On va vous faire voir ce qu'il en coûte de s'attaquer au sacro-saint monument de la « civilisation arabe », à qui le monde entier doit tant de belles choses (étant entendu qu'il est impie de signaler ce qui saute aux yeux — que toutes ces belles choses ont simplement été empruntées à droite et à gauche et, généralement, simplement copiées ou mélangées). Sous peu,*

---

45 — Lettre du 16 septembre 1956.
46 — N.D.L.E. : *Moucharaby, Moucharabieh* : Nom masculin. Grillage en bois placé devant une fenêtre dans les pays orientaux et permettant de voir sans être vu. Balcon ou saillie de mur placée autrefois au-dessus d'une porte et percée de mâchicoulis à sa partie inférieure (d'apr. Chabat t. 2. 1876).
47 — Je ne dis pas rideau de fer, à dessein.
48 — Lettre du 8 octobre 1956.

> *vous serez accusé d'être le destructeur de la dévotion mariale, instituée par Mahomet !!! Quant à distinguer entre le Christ du christianisme et le Jésus de l'islamisme, c'est pure malveillance de votre part et vous faites exagérément, pour cela, référence à ce petit bouquin « dépassé », que l'on appelle Nouveau Testament. On vous apprendra à « marcher avec votre temps » (c'est-à-dire de préférence sur la tête !). Un des grands arguments « coranophiles » est que l'Islam est un monothéisme et, par conséquent, ipso facto comparable au christianisme. Il suffit, en effet, pour admettre la valeur de cet argument, d'oublier que, sauf les élémentaires (et encore pas toutes), à peu près toutes les religions ont été, en réalité, monothéistes. Cela, évidemment, n'apparaît pas dans la présentation usuelle — rudimentaire et puérile — qu'en font les mythologies classiques, mais le « monodémiurgisme », au moins, en était toujours la règle. Mais l'admiration de ce que l'on ne connaît pas et dont on ne veut voir que quelques dehors « distingués » ou élégants a fait rage de tout temps, même chez des gens, par ailleurs fort cultivés : l'exemple de Lyautey en fait foi (d'après quelques témoignages directs, je crois savoir que, à la fin de sa vie, ce fut un lourd remords pour ce grand homme). »*

Sous la signature de H. J. dans le journal *Le Fribourgeois*, du 26 janvier 1957, nous lisons cette remarque :

> *« M. Zakarias affirme, en particulier, que les autorités françaises (et à leur suite les intellectuels français) ont fait preuve dans leurs rapports avec l'Islam d'un aveuglement qui touche à la complicité. Cette vue (un peu polémique) ne manque pas de vérité. Il est exact qu'un maréchal Lyautey a toujours manifesté au Maroc, une extrême bienveillance envers l'Islam ; qu'il a pratiquement interdit toute propagande anti-musulmane et qu'il n'a cessé de proclamer son respect et son amitié pour la religion basée sur le Coran. Que cette attitude de Lyautey — et de son école — ait été avant tout politique, ce n'est guère douteux. Le maréchal voulait faire une sorte de « test » de la « collaboration chrétienne musulmane. »*
>
> *Que cette politique ait échoué, ce n'est pas, hélas ! douteux non plus en 1957 !... Mais il en reste une sorte de crainte révérencielle devant l'Islam qui, à l'heure actuelle encore, influencé toute l'attitude des chrétiens à l'égard du monde musulman. Une réaction est donc utile. M. Zakarias s'élève contre ce qu'il nomme carrément une imposture et il revendique le droit de parler de Mahomet et du « Coran » en toute liberté. »*

On comprendra mon immense satisfaction personnelle en recevant toute cette correspondance, qui me donne, s'il en était besoin, la certitude que je suis engagé dans le chemin de la vérité et que j'ai pleinement réussi à me dégager de tout un monde de fantaisies et de folies pour respirer l'air pur du bons sens.

Petit à petit, sans aucune réclame ni service de presse, mon travail faisait son entrée dans le monde. Le *Club national des Lecteurs, Presse et Littérature* de novembre 1956, attirait l'attention de ses abonnés sous la rubrique *Les livres dont on parle* :

> « *Ainsi, selon l'auteur de ce surprenant et remarquable ouvrage, la vérité sort aujourd'hui de l'analyse des textes. Il n'y a pas de Mohammed inspiré. Il n'y a plus de Coran divin. Il reste un rabbin qui s'est mis en tête de judaïser l'Arabie* ».

Dans son numéro 99 du 2 novembre 1956, les *Nouvelles de Chrétienté*, dans une grande étude consacrée au centenaire de Pierre le Vénérable, revenait une fois de plus sur mon travail dans un paragraphe intitulé : *Pierre le Vénérable et Hanna Zakarias* :

> « *Dès que Pierre le Vénérable eut reçu la version de l'Alcoran, il l'envoya à saint Bernard en l'invitant, comme l'homme le plus capable du siècle, à écrire une réfutation du mahométisme. Les Pères de l'Église, lui disait-il, n'avaient pas laissé paraître de leur temps une seule hérésie, même légère, sans y résister de toutes les forces de la foi, sans en démontrer la détestable tendance par des écrits ou des discussions. La religion mahométane, erreur des erreurs, égout dans lequel étaient venues se déverser la plupart des hérésies, et qui infectait une moitié du monde, demandait un travail semblable. S'il ne servait à convertir ceux qui étaient dans l'erreur, il fortifierait du moins les croyants dans leur foi.*

> « Au nom du Père, et du Fils et du Saint-Esprit, Pierre, français de nation, chrétien de religion, et, par ses fonctions, abbé de ceux qu'on nomme moines, aux Arabes fils d'Ismaël, observant la loi de celui qu'on appelle Mahomet... »

> « *Cet exorde est inspiré par un souci tout autre que celui des croisés : arracher à la perte éternelle ces chers musulmans, non par le glaive ou la force, mais par la persuasion et la raison.*

« *Un obstacle se présente d'abord, que nous verrons : cette espèce de monolithisme intellectuel, cette volonté bien arrêtée de ne point raisonner sa foi qui caractérise l'islamisme. Ce point que le livre d'Hanna Zakarias a fort bien mis en vedette, Pierre le Vénérable n'en jugeait pas autrement que lui. Et comme lui, il eut déploré que les chrétiens ou islamisants ne soumettent point les écrits islamiques à une discussion serrée. Nous y reviendrons plus loin.*

« *Ensuite, toujours comme Hanna Zakarias, Pierre le Vénérable est frappé tout d'abord par ce fait :* le Coran a emprunté une foule de choses à la loi juive et chrétienne, la trouvant excellente sur certains points, mais il la néglige et la tient pour méprisable sur d'autres ! Le mahométisme traite de folies l'Incarnation, la divinité du Christ, la Trinité, sapant par la base la religion chrétienne. *On rejoint ici les constatations de Zakarias :* le Coran est une œuvre judaïque qui remanie l'Écriture pour l'opposer à la croyance chrétienne. *Pierre le Vénérable entreprend de démontrer point par point que ni le Nouveau Testament ni l'Ancien même ne peuvent être ainsi amputés. Ou tout ou rien.*

« *Puis, dans le second livre, il commence la réfutation proprement dite. Mahomet n'est pas un prophète et il ne voit point en Mahomet le successeur ni d'un Moïse, ni d'un Isaïe, ni d'un Jérémie... Beaucoup de choses seraient à glaner dans cette réfutation. On ne peut évidemment lui demander la rigueur critique d'une œuvre moderne, ni même une compréhension à laquelle, dans un siècle laïcisé comme le nôtre, il ne faut point manquer parce que c'est une chose très grande et très belle que le sentiment de Dieu si puissant dans l'Islam. Mais la foi du XIIe siècle n'avait, sur ce point, rien à apprendre de l'Islam.* »

Malheureusement, comme on l'a dit, les trois autres livres de la réfutation nous manquent. Nous sommes cependant éclairés par la vigueur avec laquelle Pierre le Vénérable aborde le problème de l'Islam. On ne l'a point retrouvée ensuite avant le récent livre dont nous avons fait l'exposé dans *Nouvelles de Chrétienté*, n° 83, du 8 juin 1956.

« *Le refus de raisonner sa foi.* — *Un des points où la concordance de l'œuvre de Pierre le Vénérable et du livre récent d'Hanna Zakarias est le plus caractéristique, c'est, nous l'avons vu, ce refus obstiné de l'Islam à toute investigation relative à ses textes sacrés. Pierre le Vénérable sent bien que c'est là le grand obstacle à la conversion de l'Islam. Or, cet obstacle n'a point changé. C'est à lui qu'il faut s'attaquer si l'on veut faire œuvre utile et profitable ; il le faut, même si l'on compte sur une sorte d'agnosticisme qui gagnerait maintenant les élites intellectuelles musulmanes. Car cette attitude n'a pas pu ne pas marquer profondément toutes les démarches de leur pensée. Si on ne le combat point, l'islamisme peut chavirer demain, et cela est sans doute commencé, dans le monolithisme de la pensée et du dogme communiste. Le rationalisme arabe actuel en est atteint lui-même. L'heure est à un combat sérieux de l'esprit critique associé à la foi, non pas contre les musulmans, mais dans leur intérêt.*

Résumons donc l'argumentation de Pierre le Vénérable : elle est singulièrement moderne (49).

« *La vénérable science n'est pas une affaire d'intelligence. Elle suppose beaucoup de vertus morales et tout d'abord un maximum de liberté et d'abnégation. Comment pourrait-on travailler en toute objectivité, si on est obligé de plier l'échine devant les exigences, plus ou moins nuancées de tel État, de telle politique ? Et malheureusement chez les hommes qui se précipitent pour sauver l'Islam, je ne vois en toute sincérité que de la crainte, de l'ambition et souvent un manque exceptionnel de jugement.* »

Un religieux qui a vécu toute sa vie en pays d'Islam, m'envoya une lettre si touchante que je voudrais, chers lecteurs, vous la faire lire en entier :

« *Un vieil ami qui m'avait plusieurs fois entendu dire que l'Islam venait du judaïsme a été surpris et enchanté par votre travail sur l'origine de l'Islamisme : « De Moïse à Mohammed », et m'en a chaudement*

---

49 — Je tiens à remercier tout spécialement l'auteur de cet article, que j'ignore absolument, comme pourraient en témoigner les directeurs de *Nouvelles de Chrétienté*. Quelque temps après, un Allemand, lui aussi inconnu, me faisait communiquer une revue *Europe Magazine*, semaine du 20 au 26 octobre 1956, contenant p. 13-14, ces quelques lignes :

« *Le colonel va peut-être sauver l'Occident s'il le réveille par une fausse union des peuples sous-développés qui n'ont au fond rien de commun que leur ignorance, leur Coran qui est un défi à l'histoire (voir le livre de Hanna Zakarias, chez l'auteur, Boîte Postale 46, Cahors, Lot), leur religion la plus stagnante qu'on puisse rêver, leur enseignement où toute allusion historique est bannie comme un péché.* »

recommandé la lecture... J'ai été ravi d'y trouver des idées que je remue depuis quarante ans que je vis en pays d'Islam. Mais ces idées sont présentées par vous avec une documentation d'une richesse et d'une solidité invincibles... J'étais arrivé aux mêmes conclusions en regardant vivre l'Islam autour de moi et en le regardant avec ma connaissance de la Bible et de l'Évangile... Et c'est ainsi qu'on n'a laissé aux Arabes qu'une pseudo-religion sans dogmatique et sans morale, avec quelques pratiques extérieures qui ne touchent pas la conscience. Par la suite, les théologiens de l'Islam, qui ne sont au fond que des juristes et des casuistes, ne sont jamais montés jusqu'à la notion de la loi morale, expression de la volonté divine pour la conduite de la vie humaine sur terre. Ils ont ainsi fait perdre à tous les sectateurs du « Prophète » le sens du péché, de la faute morale. Il n'y a que des fautes légales qu'on efface par une formule et, dans les plus grands crimes, par la profession de foi. On a supprimé la conscience. Jamais on n'a enseigné aux enfants au nom de Dieu, comme étant un commandement divin, nos devoirs envers lui. — Jamais on ne leur a dit, sous forme d'ordre divin : « Tu ne mentiras pas..., etc. ... » Voilà pourquoi nous voyons ici (x), commettre tous ces crimes chaque jour avec une férocité inouïe sans que jamais ces âmes humaines éprouvent une inquiétude. Les pires criminels ne perdent même pas l'estime de leurs coreligionnaires. L'Islam, comme les pharisiens, repousse les idoles, mais il a respecté le paganisme avec ses hideurs morales et ses superstitions. Il a gardé l'esclavage, ce qui, en dehors de son caractère odieux d'injure à la dignité humaine, a entraîné le mépris du travail, surtout du travail de la terre, qui est le plus pénible, ce qui explique l'état désertique des terres païennes, l'immense misère de tous ces pays, les famines qui les ravagent, l'ignorance totale de tant de millions d'hommes. Païen encore le mépris de la femme, déchue de sa dignité humaine et devenue pur instrument de plaisir (50). *Religion facile évidemment, celle qui n'impose à ses adhérents aucune contrainte morale. Et soyons bien sûrs que de cette facilité lui vient sa vaste et rapide diffusion avec l'attachement que lui gardent les mahométans. Mais comment peut-il se trouver des catholiques instruits, des prêtres et des évêques qui en parlent comme d'une religion respectable, qu'on met sur*

---

50 — Je demande à nos célèbres coranisants s'ils connaissent en Islam beaucoup de monastères de religieuses, contemplatives, enseignantes et hospitalières : Attendons leurs réponses.

le même pied que le christianisme parce qu'elle est monothéiste ? Quelle aberration et quelle sottise ! Voilà les réflexions que m'ont inspirées depuis longtemps les contacts que j'ai chaque jour avec les musulmans de ce pays. J'ai pensé qu'elles intéresseraient l'auteur courageux de l'ouvrage « De Moïse à Mohammed » où l'Islam est étudié avec tant de clairvoyance et de profondeur. »

Dans bien des lettres, des religieux de toutes robes et de toutes couleurs, ont tenu à exprimer à Hanna Zakarias leur sentiment de libération à la lecture de mon travail.

« *Votre analyse*, m'écrit-on encore, *m'a vivement intéressé et correspond au profond malaise que m'a laissé jusqu'à présent à peu près tout ce que j'ai lu sur l'Islam et qui ne cadre en effet pas du tout avec mes propres recherches, ni avec tout ce qu'ont pu me donner de leçons mes années vécues en terre d'Islam.* »

Cette attitude partisane a été parfaitement mise en relief dans l'*Écho d'Oran* du 30 mai 1958, reproduisant la lettre admirable de bon sens adressée à *La Croix* par un groupe de prêtres du diocèse d'Oran, prêtres très connus pour la sagesse de leur jugement et la dignité de leur vie. C'est un document qu'il faudrait distribuer dans tous les séminaires pour tâcher d'éviter des événements aussi pénibles que les événements du Prado de Lyon. Tous ces problèmes n'engagent aucunement les vertus théologales. Il s'agit essentiellement d'une question de bon sens.

« *La formation doctrinale est ce qu'il y a de plus nécessaire en France à l'heure actuelle, comme le disait S. S. Pie XII, de sainte mémoire à Mgr Théas, évêque de Lourdes.* »

On croirait vraiment que *La Croix* s'est fait une spécialité de toutes les naïvetés ; voir par exemple n° du 17 juin 1958 : Liban : Hommage significatif des musulmans à S. S. Pie XII (!!!) ; n° du 13 ou 14 octobre 1958 : L'Islam sensible au deuil des chrétiens (!!!). Pourquoi un journal soi-disant catholique n'établit-il pas une commission de censure, composée essentiellement d'hommes de bon sens, avertis des questions islamiques et coraniques ?

Le journal *La Croix*, qui fut autrefois un vrai journal catholique, mais dont les catholiques français actuels n'ont pas toujours l'occasion de louer ni le jugement ni l'objectivité, rapporte dans son numéro du 28 août 1958 que le R.P. Abd-elJalil, converti de l'Islam, devenu franciscain et titulaire, est-il dit, de la chaire de littérature arabe et d'islamologie à l'Institut catholique de Paris, a donné au centre Charles-Péguy, à Londres, une conférence intitulée : L'Islam d'aujourd'hui. La « conférence », continue *La Croix*, s'est efforcée de mettre en lumière *les* valeurs positives du monde arabe afin de favoriser une compréhension charitable. Évidemment, nous ne sommes pas sur la même longueur d'onde. À nous en tenir au compte rendu qui nous est proposé, le R.P. ne se place pas au point de vue religieux, mais au point de vue, semble-t-il nationaliste. Il aurait traité non pas de l'Islam, mais des qualités positives du monde arabe. Libre à chacun de penser ce qu'il veut, mais je crois que beaucoup de mes lecteurs auraient besoin d'un télescope ultramoderne pour suivre le R.P. sur le terrain nationaliste. Tout autre est notre objet : ce n'est pas le nationalisme arabe qui nous intéresse, mais l'Islam, et si nombreuses que soient les qualités de la race arabe, je n'en soutiendrai pas moins que l'Islam arabe est un bluff, une escroquerie et une mascarade.

C'est à la fin de l'année 1956 qu'un autre prêtre, professeur de philosophie, G. de Nantes, entra complètement dans mes vues. J'ignorais absolument l'existence de ce prêtre distingué et connu pour l'étendue et la rigueur de ses connaissances, lorsque je reçus, le 1er novembre 1956, ce petit mot :

« *Je serais heureux de recevoir votre ouvrage sur l'Islam. Ce que j'en ai appris par des recensions me réjouit fort. J'étais depuis longtemps enclin à croire à la suite d'une première mise en parallèle de la Bible et du Coran, à ce que vous dites et prouvez, et je suis consterné de voir comment les succès révolutionnaires du fanatisme musulman inclinent nos théologiens et intellectuels à faire aussitôt grand cas du Coran* (51) *!*

« *Vos premières pages répondent entièrement à ma manière de voir, tant formellement que matériellement. Votre méthode est la bonne, et cette verdeur polémique elle-même doit accompagner la sincérité anti-académique de l'étude. Votre thèse doit être vraie aussi, tout l'extérieur du problème me le fait sentir, comme Gougenot des*

---

51 — Lettre du 1er novembre 1956.

Mousseaux a compris le judaïsme, Denifle a compris le vrai Luther, Mgr Janssens la vraie Réforme allemande. Les partis-pris sympathiques, les légendes barrent à l'intelligence la compréhension de la trame historique. On se dit : cela doit être autre, mais on attend longtemps avant d'en recevoir confirmation d'un spécialiste honnête et rigoureux. Évidemment, le « tollé » est immense, ou pire : la conspiration du silence. Je la crains davantage dans votre cas. Je ferai mon possible pour vous faire connaître. C'est un devoir urgent... Ce qui me pousse à vous accorder tout mon crédit, c'est mon indignation devant cette admiration systématique et dépravée des chrétiens pour l'Islam d'une part, et de l'autre, ma consternation que cet Islam prolonge et empire le contresens terrestre du judaïsme anti-chrétien et talmudique sur l'Ancien Testament. Faire de ce matérialisme à vague enveloppe religieuse un émule du christianisme, c'est le ravaler au rang des pires déformations de la tradition imparfaite qu'il est venu transfigurer ! En l'abaissant à petits coups, en surélevant à petits coups aussi ses pires caricatures, on aboutit à une sorte de compromis relatif, élégant mais pourri. Vos démonstrations sur les houris de l'Éden sont — je les ai survolées — typiques. Je partage, croyez-le, et votre dégoût et votre colère, et votre pitié pour les hommes trompés. Mais la vérité passera. Nous nous y dévouerons ».

Quelques jours après, le même correspondant m'écrivait :

« Mon esprit était parfaitement préparé à accepter toutes, toutes vos preuves en leur vraie lumière. Vous avez le rare privilège de renouveler de fond en comble une question de première importance, tant au point de vue religieux, que politique et historique. Et vous donnez des faits, des analyses et des raisonnements dont la cohérence dit assez la certitude. Question angoissante : comment les coranisants occidentaux ont-ils pu à ce point s'égarer mutuellement ? Il est vrai que pour ceux que je connais la bêtise (x, mon correspondant donne ici des noms), le désir de plaire (x), ou le conformisme d'école, suffisent à expliquer l'erreur et l'obstination dans l'erreur. Et Georges de Nantes, comme beaucoup d'hommes libres et éclairés ajoute : « Ce qui me blesse plus que tout, c'est de voir le monde « intellectuel » catholique se faire systématiquement le héraut... « l'avertisseur » de tous les Corans qui sont le plus contraires à notre religion et, par cette sympathie vicieuse, tomber dans tous les panneaux ! »

Un curé d'une grosse paroisse de Paris m'écrivait lui aussi, le 12 novembre 1956 :

« Je regrette de ne pas connaître M. Hanna Zakarias car, si je le connaissais, je lui dirais toute mon admiration pour cet ouvrage qui nous dit — enfin ! — ce qu'est l'Islam. »

C'est encore un autre prêtre, devenu évêque, qui me félicite en ces termes que je voudrais voir méditer par tous ces malheureux catholiques qui détériorent la vérité par une sorte de bonté déliquescente :

« Ce qu'il faut faire ressortir dans votre nouveau livre, c'est le vrai caractère de Mahomet, un catéchiste au service d'un rabbin, et son évolution humaine et religieuse. Quant au Coran, prouver son fond d'origine biblique. Il faut détruire la légende de Mahomet, et la légende de l'origine céleste du Coran. »

Et cet évêque ajoute, comme tous les hommes sensés, fidèles à leur foi :

« Je ne comprends pas l'inconsciente indulgence de certains prêtres qui feignent de croire à l'Islam, comme à une religion valable pour le salut de l'humanité. Haïr l'erreur et aimer les hommes qui sont dans l'erreur est un principe de charité ; montrer de la bienveillance pour l'erreur sous prétexte d'être bienveillant pour ceux qui sont dans l'erreur, c'est épouser l'erreur. Pour être délivré de l'erreur, l'Islam a besoin de lumière, de vérité, et non de complaisance qui est une fausse charité (52). *»*

« 'l'out s'explique enfin ! Il y avait tellement d'obscurité, et de contradictions, qu'il est heureux de penser qu'enfin il n'en reste rien. Que Nasser (53) *!! »*

Un entrefilet du journal *Le Travailleur*, forme française d'un journal américain, signalait l'ouvrage en ces termes dans son numéro du 29 novembre 1956 :

« Nous ne saurions terminer cette trop rapide revue de la production littéraire française sans signaler un ouvrage monumental dont la thèse audacieuse, étayée par une solide documentation et par une érudition prodigieuse, ne manquera pas de faire sensation... Il faut reconnaître que

---

52 — Lettre du 24 novembre 1956.
53 — Lettre du 24 novembre 1956.

cette thèse révolutionnaire est soutenue avec une rigueur d'argumentation et une logique qui inclinent à partager les conclusions de l'auteur. Il est évident qu'il s'agit d'une vue entièrement nouvelle, qui éclaire bien des côtés obscurs, mais qui va bousculer bien des idées admises. À l'encontre de bien des arabisants, plus ou moins officiels, cela suppose une connaissance profonde des religions en cause, des peuples intéressés et une pénétration pratique de leurs coutumes, de leurs pensées et de leur subconscient (54). »

Chers lecteurs, devant tous ces témoignages qui m'apportent de si grands encouragements, que valent les quelques prêtres égarés qui rêvent d'un rapprochement impossible entre l'Islam et le christianisme ? Bien sûr, aimez les musulmanisés, comme on doit aimer les bouddhistes, les shintoïstes, les adorateurs du soleil, et même les cannibales, mais ouvrez les yeux ! Il y a là deux choses différentes : aimer les hommes ; aimer les musulmanisés, c'est une chose ; combattre leurs erreurs, leur montrer la vanité de leur religion, c'en est une autre ; et cette dernière façon est bien la meilleure preuve que nous puissions leur donner de notre bonté. Ce ne sont pas nos savants, nos grands professeurs, — ces simples hommes qui se croient des surhommes —, qui montrent le plus de bonté envers les musulmanisés dont ils flattent l'erreur.

Que les prêtres égarés qui se précipitent au secours de l'Islam réfléchissent bien sur les considérations que m'envoient beaucoup d'autres de leurs confrères qui ne sont ni moins bons, ni moins savants qu'eux-mêmes, mais qui jugent différemment :

« *Monsieur X, prêtre vivant en pays musulmanisé, trouve que c'est la première chose de sensé qu'il ait jamais lue sur la question musulmane* (55). »

Le même religieux qui m'avait écrit le 11 novembre 1956, m'écrit à nouveau le 4 janvier 1957 :

« *Plus que bien d'autres, à raison de mes longues méditations sur le problème musulman, j'apprécie l'énorme travail qu'a dû vous coûter cet ouvrage, la sûreté et la richesse de son information, et je tâcherai de faire comprendre cela à mes amis et à mes relations.* »

---

54 — Lettre du 4 décembre 1956.
55 — Lettre du 6 décembre 1956.

Je cite toutes ces lettres avec plaisir, non certes pour m'en flatter, ni pour en tirer vanité ! Il ne s'agit pas de cela, mais la reproduction de ces lettres, chers lecteurs, vous témoigne que la majorité du clergé a gardé un jugement sain, solide, et ne s'est pas laissé intoxiquer par une propagande politico-religieuse, axée sur une conception erronée de l'Islam.

« *Mon ami... a dévoré votre livre, qu'il a qualifié de sensationnel* (56). »

Bien que je ne sois pas sûr que l'auteur de cette lettre reçue le 8 janvier 1957 fût prêtre, je la classe dans ce même dossier, à cause de son contenu :

« *Je ne sais qui vous êtes. Mais soyez remercié et béni pour ce travail énorme et consciencieux, travail de salubrité intellectuelle. Mais comment propager d'aussi bienfaisantes et utiles vérités ? Si nous pataugeons aujourd'hui dans l'imbroglio sanglant de l'Afrique du Nord et du Moyen-Orient, n'est-ce pas pour avoir pactisé avec cet énorme mensonge ? Ce que le curé de La Mecque n'a pas su entreprendre, ce dont il a pris conscience trop tardivement, les chrétiens de la conquête de l'Afrique — (je ne parle pas spécialement des soldats, mais surtout des autorités constituées qui ont prétendu organiser le pays) — ces chrétiens, dis-je, n'ont pas su davantage, ni même voulu le plus souvent le comprendre.*

« *Pourtant, certains avertissements solennels et motivés ne leur ont pas manqué ! Telle cette lettre du P. de Foucauld à René Bazin, écrite le 26 juillet 1916 (en pleine guerre, à un moment où, pourtant, le loyalisme des Nord-Africains ne pouvait, semble-t-il, être mis en doute)* :

---

56 — Lettre du 4 janvier 1957. Le lendemain, une autre lettre m'arrivait : « Je suis un lecteur consciencieux. Votre livre m'a séduit, la thèse puissamment originale qu'il soutient, l'accent de conviction, la vigueur d'expression, le style qui réussit à faire lire (agréablement) une étude d'exégèse qui eût dû être ardue : tout cela présente un énorme intérêt. J'ai donc commencé par l'avant-propos. Dès avant le livre premier, j'étais convaincu et j'ai tenté, cher Monsieur, de vous écrire : bravo. Puis, j'ai pensé qu'après tout, je n'avais pas le droit d'applaudir l'auteur d'un opéra sur la seule audition de l'ouverture. Si par hasard la chasse aux sourates n'allait pas répondre aux thèses exposées, et que la post-face dût être une volte-face ? Il fallait voir, c'est-à-dire lire. J'ai lu, tout lu. Mais je ne regrette pas le temps passé qui le fut avec intérêt et plaisir. Il faudrait que tout cela, c'est-à-dire l'immense imposture, fût dénoncée. »

« Ma pensée est que si, petit à petit, doucement, les musulmans de notre empire colonial du nord de l'Afrique ne se convertissent pas, il se produira un mouvement nationaliste analogue à celui de la Turquie... Si nous n'avons pas su faire des français de ces peuples, ils nous chasseront. Le seul moyen : qu'ils deviennent chrétiens ! »

« À quarante ans de distance, la prophétie (qui n'est que clairvoyance) se réalise. L'échéance est là. Nous ne triompherons qu'en opposant la vérité à l'erreur. Évidemment, c'est une gageure qui fera hausser les épaules ! Expliquer aux Arabes qu'ils sont mus par une religion figée, disparue ! — et comble d'ironie, imposée par un rabbin ! le Juif exécré !

« Pourtant, comme le disait Mgr Pie à Napoléon III en parlant de l'introduction des droits de N. S. J.-C. dans la législation : « Je ne suis pas un grand politique et si votre Majesté me dit que cela n'est pas opportun, je veux bien la croire... Mais ce que je sais, c'est que si le moment n'est pas venu de proclamer la vérité, le moment n'est pas venu, pour le gouvernement, de durer... » Au point où nous en sommes aujourd'hui, ce n'est pas seulement « de durée de gouvernement » qu'il s'agit, mais de l'existence même des nations. Tel qu'il se présente, votre ouvrage est fort, parce qu'aucun détail n'est laissé dans l'ombre, sans référence et sans explication. »

Beaucoup de laïques pensent comme tous ces prêtres dont nous reproduisons la correspondance. En voici un, par exemple, qui m'écrit le 12 janvier 1957 :

« Je viens de lire avec passion votre thèse explosive : « De Moïse à Mohammed », avec aussi un étrange sentiment de libération (57). *Elle correspond au sentiment très vif que j'avais de la ressemblance du Coran et de l'Ancien Testament, mais elle va bien plus loin en rendant compte à la fois de la présence des « histoires saintes » du Pentateuque, de leur orientation systématique et de la polémique anti-chrétienne, par l'hypothèse du rabbin, directeur de Mahomet (hypothèse qui résout si bien les problèmes qu'il devient impossible de n'y pas voir la clef de toutes ces portes cadenassées derrière lesquelles on nous enfermait). »*

---

57 — Je retrouve cette même formule chez beaucoup de mes correspondants. Je vous en remercie de tout cœur.

> « *Je vous signale, cher Monsieur, que vous avez un précurseur dans la personne de Pierre le Vénérable, contemporain de saint Bernard qui, à une petite erreur près, formulait déjà brièvement votre thèse (voir le dernier numéro de l'*Avenir Catholique (58). »

> « *Je suis fatigué* », m'écrit un autre prêtre, « *d'entendre de grands personnages, même catholiques, et occupant des chaires importantes, parler de comme d'une chose intouchable et sacrée, manifester à son égard un manque total d'esprit critique, alors que l'Évangile lui-même est l'objet d'une critique constante (et personne ne le déplore). Je suis fatigué de lire des revues théologiques... qui font un écho complaisant aux inepties de ces messieurs ; fatigué de recevoir des revues missionnaires très bien pensantes, jouissant d'une très large diffusion populaire, qui parlent à qui mieux mieux du haut degré de* « la civilisation musulmane », *de la* « traditionnelle hospitalité » *des musulmans, de leur* « sens familial très développé », *de leur* « profond esprit religieux », « très proche du christianisme », *et de* « la montée de leurs élites ! » *On ajoute à cette salade l'assaisonnement de quelques paroles du sultan du Maroc, et l'on déclare solennellement que* « le monde musulman est prêt à assumer ses responsabilités politiques, mûr pour prendre en mains ses destinées »... *et autres calembredaines* (59). »

Et voici une réflexion fort juste que me suggère un prêtre très informé des choses de l'Islam :

> « *Pour agir sur l'opinion musulmane et ébranler leur certitude, il faut atteindre la forteresse principale : ce n'est pas Mahomet, c'est le Coran. Ce n'est pas le prestige de Mahomet qui soutient le Coran, c'est l'inverse : l'exaltation du* « *prophète* » *est secondaire et parasitaire ; on vous l'abandonnera relativement facilement, mais sans céder sur le principal : la Révélation dans le Coran. Et, dans votre livre, ce qui est le plus impressionnant peut-être, et le plus persuasif pour un musulman, ce n'est pas l'exposé de votre thèse qui, malgré assurance et répétitions, ne sera jamais qu'une hypothèse impie, mais ce sont les analyses textuelles*

---

58 — Lettre du 12 janvier 1957. J'évite autant que possible de reproduire les éloges personnels ; ce qui compte pour moi, c'est l'accueil réservé à mon travail par les savants et le public cultivé.

59 — Lettre du 25 janvier 1957.

détaillées des sourates que vous citez : par elles, le lecteur peut arriver à une interprétation justifiée du Coran et différente de celle qu'il avait initialement ; par elles peut s'opérer un retournement de l'esprit (60). »

J'arrête ici les citations de lettres privées. Toute cette documentation est résumée dans un important dossier (originaux avec copies dactylographiées) que je déposerai dans un Institut public et qui sera mis quelques années après ma mort à la disposition du public. Les jeunes coranisants pourront y puiser largement pour se faire une idée exacte des réactions religieuses catholiques dans la seconde moitié du XXe siècle. Ils y constateront que la période clinquante des *Mille et une nuits*, des cartes postales représentant un Arabe prosterné sur le sable en plein désert et près de son chameau, la période de bluff et de niaiserie est révolue.

Mes lecteurs-amis nous en donnent chaque jour des preuves éclatantes. L'Islam est maintenant dépouillé de toutes les fanfreluches sous lesquelles on le déguise depuis des siècles, et, dans sa nudité, il n'est vraiment pas joli.

« *Tes prodigieux Zakarias viennent d'arriver et je te suis plus reconnaissant que je ne sais dire de cet envoi (je ne te les retournerai que dans un mois, car les lire et les annoter exige loisir et calme ! Par chance, la conférence est remise à mai). Je trouve la thèse de l'auteur bouleversante et suis effaré qu'on ne fasse pas à ce sensationnel ouvrage le sort qu'il mérite* (61). »

Et les lettres de mes lecteurs-amis inconnus s'allongent sur le même mode :

« *Votre travail arrive à point. Nous, nous sommes perdus dans les travaux matériels et linguistiques ; vous, vous avez fait un travail intellectuel et critique de tout premier ordre, venant couronner nos efforts. Nous remercions Dieu avec vous* (62). »

« *Puis-je vous dire, Monsieur, la satisfaction d'esprit que me procura la lecture de votre bel ouvrage ? C'est bien la première fois*

---

60 — Lettre du 25 janvier 1957.
61 — Lettre de X. à X. le 8 mars 1957.
62 — Lettre du 16 mars 1957.

qu'un travail d'exégèse me retient tout une nuit éveillé. Et j'attends avec impatience la parution du tome III (63). »

J'arrête ici mes citations pour conclure par de chaleureux remerciements que j'adresse à mes lecteurs-amis, dont les appréciations, en témoignant de la fermeté de leur jugement, m'ont puissamment soutenu dans mes efforts (64).

---

63 — Lettre du 24 mars 1957.
64 — Voir aussi lettre du 19 février 1957 :
« *Le P. D..., S. J., m'écrit qu'il avait trouvé votre 1ᵉʳ livre, un fameux morceau à tous points de vue. Il a enseigné dans ses cours d'histoire et de philosophie tout ce qu'on croyait communément ; mais à présent, il est ébranlé dans ses croyances* » ;
Voir aussi lettre de mai 1957 :
« *Je suis replongé dans vos livres. C'est d'une lumière aveuglante ! Il y a des détails où je chicane, mais le corps est invulnérable ! J'applaudis en relisant après des mois d'étude. C'est long de rentrer dans le monde étrange et absurde du Coran !* »

CHAPITRE VI

PRISES DE POSITION PUBLIQUES

Le Directeur de (cette Revue), m'écrit-on, « *est très frappé de votre thèse et trouve qu'elle vaut plus qu'une armée pour le salut de la civilisation* (65). » Ce qui me ferait croire que mes correspondants ont quelque peu raison, c'est que les secrétaires de plusieurs revues de style classique et très renommés dans le « genre religieux anodin », ayant reçu mes deux ouvrages qu'ils m'avaient demandés eux-mêmes pour recension, aient jugé plus prudent de ne jamais en parler, malgré mes réclamations : petit moyen pas très honnête, entre nous, de se procurer des ouvrages assez chers. On comprendra que j'évite maintenant de favoriser ce petit genre d'escroquerie ! Après avoir été plusieurs fois victime de ces machinations, je me suis tout simplement retiré de cette compétition. C'est pourquoi mon service de presse a été réduit au strict minimum. J'ai préféré donner mes livres à ceux qui, ne pouvant se les procurer, désiraient cependant les étudier. Ces réflexions vous expliqueront, lecteurs-amis, pourquoi les recensions publiques sur mes travaux coraniques sont rares.

Ce sont les *Nouvelles de Chrétienté* qui, spontanément, ont inauguré ces recensions publiques et, d'après les citations que j'en ai faites plus haut, vous pouvez juger avec quelle sûreté de jugement et quel courage les deux directeurs de cette Revue se sont faits les présentateurs et les défenseurs de mes idées. Je les en remercie en la personne de

---

65 — Lettre du 25 novembre 1956.

MM. Garrido et Doazan (66) qui ont été les premiers à lancer mon travail dans le public. Cette prise de position des *Nouvelles de Chrétienté* fut immédiatement adoptée par la revue *Itinéraires* dans son numéro 6, septembre-octobre 1956, p. 146-152 (67).

Le *Fribourgeois*, du 26 janvier 1957, donnait lui aussi une longue recension sérieuse, faite par un homme averti, ayant cependant le souci de garder la balance entre le « vieux système » et mes thèses objectivement « révolutionnaires ».

 « *Quelle est donc la « contre-thèse » fondamentale de Hanna Zakarias ? Trop succinctement résumée, elle consiste à démontrer que le « Coran » attribué à Mahomet (ou plutôt aux révélations divines confiées au Prophète), n'est en réalité qu'un résumé grossier du judaïsme. Mahomet, sous l'influence de sa première femme, aurait été mis en rapport avec un « rabbin » juif, qui, inquiet des progrès du christianisme* (68) *voulait convertir les Arabes fétichistes à la religion de Moïse, faisant ainsi aux chrétiens un efficace barrage. L'opération aurait, en somme, remarquablement réussi, et l'Islam ne serait qu'un succédané de l'*Ancien Testament *mis à la sauce arabe, un « contre-christianisme » pour populations primitives. Si l'on songe à la haine qui sépare Arabes et Juifs, on verra là un étrange paradoxe, mais l'histoire est pleine de tels retours de flammes.* »

 « *M. Zakarias explique les ressemblances connues de « l'*Ancien Testament »*et du « Coran » par le fait que le « Coran » serait simplement l'œuvre d'un rabbin astucieux, ennemi acharné du Christ. C'est là que réside le « coup de pouce », donné par notre auteur à l'histoire de l'Islam* (69)*. Il entraîne, évidemment, des conséquences profondes. La religion musulmane serait, non pas, comme on l'a dit si*

---

66 — Directeurs de *Nouvelles de Chrétienté*, Bulletin Hebdomadaire d'Information et de Documentation (C'est le bulletin le plus riche, le plus objectif que nous connaissions. Aucunement tendancieux, très objectif, la lecture en est à la fois enrichissante et reposante), 25, boulevard des Italiens, abonnement d'un an 35 nF.

67 — *Itinéraires, Chroniques et Documents* ; Directeur : Jean Madiran, 4, rue Garancière, Paris, VI⁻.

68 — **Mes lecteurs remarqueront que je n'ai jamais rien dit de semblable.**

69 — Nous reviendrons plus loin sur ce point.

souvent, une sorte de christianisme incomplet, mais bien au contraire, un anti-christianisme virulent... C'est une thèse. M. Zakarias la soutient avec passion et à l'aide d'un appareil exégétique qui certes, ne manque pas de poids. Et le moins que l'on puisse dire est que son ouvrage mérite une attention et une audience au moins aussi grande que la thèse « officielle » d'un Islam proche du christianisme. Le livre de, M. Zakarias n'est pas un livre facile. Il est écrit avec une lourdeur assez pénible et contient d'innombrables répétitions. On sent que l'auteur, convaincu de la justesse de sa thèse, veut enfoncer dans la tête du lecteur ses arguments, à coups de marteau répétés... Mais après tout ce n'est là qu'une critique de forme. Le fond de l'ouvrage est souvent neuf et fort excitant pour l'esprit. M. Zakarias corrige incontestablement des erreurs et des excès que des chrétiens bien intentionnés, mais imprudents ont mis en circulation depuis quelque temps en parlant à tort et à travers de l'Islam. Et finalement « De Moïse à Mohammed » *peut être un livre fort utile.* »

Cette recension comble tous mes vœux dont le premier est d'attirer l'attention des catholiques, des catholiques qui parlent des choses de l'Islam d'une façon tellement inconsidérée et sans aucune référence à la réalité. Avant de parler de l'Islam, qu'on lise donc non pas le « Coran » qui a disparu, mais les *Actes de l'Islam*. Érudits civils ou religieux parlent trop souvent d'une façon imaginative ; ils parlent d'un Islam tel qu'ils le voudraient et non pas de l'Islam tel qu'il est.

C'est en janvier 1957 que Georges de Nantes commença sa puissante offensive — qui n'a pas cessé depuis cette date — en vue de révéler au monde érudit et au grand public mes conclusions sur l'Islam arabe. Ces substantielles études de Georges de Nantes ont toutes paru dans l'*Ordre français* :

N° 8 : *janvier 1957, p. 53-76*............... : *L'Islam sous la toise.*
N° 9 : *février 1957, p. 75-78*............... : *A propos du Coran.*
N° 10 : *avril 1957, p. 75-76*............... : *Le débat sur le Coran.*
N° 12 : *juin 1957, p. 50-68*............... : *Le Coran n'est pas arabe.*
N° 12 : *ibid., p. 71-72*............... : *Le débat sur l'Islam.*
N° 23 : *juin-juillet 1958, p. 36-41*............ : *Les chrétiens et le Coran.*

Ces analyses ont eu dans le public cultivé un profond retentissement. Elles traduisent si bien ma pensée que certains écrivains, sans doute coutumiers du fait, m'accusèrent un moment de les avoir inspirées moi-même et de les avoir rédigées moi-même. Or, M. Georges de Nantes et moi ne fîmes connaissance que bien des mois après la publication des premières études publiées dans l'*Ordre français*.

C'est grâce à ces merveilleux appuis absolument providentiels que mes conceptions sur l'Islam accrochèrent un public de plus en plus nombreux. Comme je le sais par expérience, se sont les minorités, mais des minorités actives et convaincues qui font les grandes et profondes révolutions. Mes amis et moi, nous sommes en train de gagner la bataille de l'Islam. Le mythe de l'Islam entrera bientôt dans l'agonie.

> « *Votre thèse vaut plus qu'une armée pour le salut de la civilisation.* »

Aux yeux de M. G. de Nantes, l'un des principaux mérites de mon travail a été d'avoir osé, le premier, étudier le Coran comme on étudie n'importe quel autre document. Il n'y a dans mon attitude aucune malveillance, je m'empresse de le dire. Mais je ne vois pas pourquoi on appliquerait — et pas toujours avec objectivité — la méthode critique à nos livres saints de l'*Ancien Testament*, ou du *Nouveau Testament*, et qu'on se prosternerait avec une sorte d'ahurissement et d'abêtissement intellectuel devant le Coran ! Non, non, soyons dignes et lisons le Coran, ou plus exactement les *Actes* —, la tête haute et avec un esprit libre, dégagé de toutes les fanfreluches accumulées depuis des siècles autour d'un Islam imaginaire. C'est dans une étude de ce genre, objective et libre, que j'ai placé toute mon ambition. J'aurai le plaisir d'indiquer plus loin quelques points remarquables des analyses de M. G. de NANTES. Pour l'instant, je cite seulement ces quelques lignes :

> « *Deux préjugés fort répandus en Occident causent à la civilisation un dommage certain. Je crains qu'ils n'érigent en théorie philosophique notre lâcheté politique et notre esprit de démission actuels. Le premier consiste à accorder, par relativisme sceptique ou sentimental, une valeur égale à tout mouvement religieux quel qu'il soit ; il semblerait qu'une croyance ne puisse se discuter sans blesser indignement les âmes sincères qui la professent et que la raison n'ait pas de droit ni de force réelle pour en apprécier la valeur objective (exception faite de la condamnation sans*

appel de notre religion ancestrale, toujours bien considérée). Le second touche l'Islam. Il prétend qu'un musulman ne se convertit pas, que cela ne s'est jamais vu et ne se verra jamais. L'Islam serait impénétrable, nul ne pourrait l'aborder sans être conquis, nul n'y peut naître sans en être prisonnier pour la vie. Tout effort tenté en vue d'une évolution des individus ou des groupes, incidemment de leur conversion même, serait voué au plus cuisant échec. L'Islam renforce le lien de la race par celui de la foi, il comporte une mystique et une politique, il propose donc une synthèse vivante qui ne laisse rien à désirer à son bénéficiaire et le captive trop étroitement pour qu'on puisse songer à l'en détacher... L'œuvre d'Hanna Zakarias et son influence chaque jour grandissante sont la négation de ces deux postulats d'un monde démissionnaire. Tout d'abord sa critique scientifique apprécie, en les passant au crible de la raison et du sentiment religieux universel, les moindres éléments de cette œuvre composite qu'est le Coran. Il en éclaire la signification véritable mieux que personne et, de ce fait, peut en montrer le bon, le moins bon, et le pernicieux. Il en compare la doctrine et la morale à celles des autres religions du Livre, et en détermine aisément la valeur par rapport à celles-ci. Il faudrait savoir au nom de quelle nécessité supérieure les chrétiens et les savants d'Occident devraient s'aveugler sur les faiblesses patentes de la loi musulmane pour l'égaler à la leur propre (70). »

Il faudrait tout citer des pages nobles et intelligentes de M. de Nantes qui, non seulement a su mettre en relief les nervures de ma pensée, mais qui parfois est même arrivé à expliciter davantage encore dans mon esprit ma propre exégèse. M. de Nantes regrette à plusieurs reprises que mon travail n'ait pas trouvé plus large audience auprès des savants. Je l'ai voulu ainsi : comme je vous l'ai dit, chers lecteurs, je n'ai jamais organisé de service de presse ; je l'ai même refusé jusqu'à maintenant ; mes livres se sont diffusés dans l'amitié — souvent anonyme — ; ils ont suscité quelques critiques sans aucun intérêt à cause des personnes qui les ont formulées ; par contre, il s'est formé comme une sorte d'alliance de partisans sincères, convaincus, et qui, chaque jour, font connaître à un public plus élargi mes conclusions vis-à-vis de l'Islam arabe. L'heure est venue cependant d'étendre en largeur et en profondeur mes conclusions.

« *Fini le temps des légendes religieusement acceptées, l'analyse*

---

70 — G. de NANTES, *Ordre français*, n° 8, p. 67-68.

d'Hanna Zakarias est là qui oblige à un terrible effort de rigueur et de vérité (71). »

« *Le livre de Hanna Zakarias, malgré cette indifférence apparente, tourmente les milieux islamisants de Paris et du Caire, d'Alger, de Dakar et de Rome.* »

Après avoir classé les principales tendances des coranisants, M. de Nantes fait ensuite cette remarque :

« *Malgré leurs mises en gardes récentes contre les vues outrancières d'un Abd-el-Jalil ou d'un Massignon, les savants islamologues sont presque nécessairement portés à la même admiration aveugle des choses de l'Islam puisqu'ils considèrent par principe celui-ci comme une religion nouvelle, originale, œuvre étonnante d'un grand mystique arabe du nom de Mohammed. Toutes les restrictions qu'ils pourront ensuite formuler ne pourront guère que mettre davantage en valeur le mérite essentiel, merveilleux, d'une foi monothéiste neuve. Si l'Islam est une autre religion que la juive et la chrétienne, si un homme du Hedjaz en est l'inventeur et le fondateur, le voilà mis sur le même pied qu'Abraham et Moïse, Jésus, Luther et Karl Marx, dans la grande confusion du Panthéon des modernes Caliban. On a beau dresser ensuite la liste de ses emprunts à la* Bible *et aux évangiles apocryphes, déterminer toutes les influences jusqu'aux iraniennes et éthiopiennes ! Il n'en reste pas moins que revient à Mohammed le génie et la science nécessaires au choix et à l'ordonnance de tant de dogmes et de préceptes divins, dont résulte cette religion, simple dans sa force, captivante dans sa rigueur, dont le succès imposant suffit à proclamer l'élévation. Que faire d'autre alors qu'admirer sans mesure* (72) *?* »

C'est l'évidence même. Si l'on met Mohammed en piste, il n'y a aucune raison pour qu'on n'en fasse pas un jour ou l'autre un autre Jésus. Par vos comparaisons que n'appuie aucun document historique, aucune exégèse sérieuse des *Actes*, vous êtes déjà dans l'engrenage. C'est tout simplement insensé. M. de Nantes a raison quand il pousse jusqu'à leurs limites mes conclusions :

« *Révolutionnaire, monstrueuse, est donc la thèse de Zakarias*

---

71 — G. de NANTES, *ibid.*, n° 23, p. 37.
72 — *Ibid.*, p. 44-45.

> *qui, d'un mot supprime de l'histoire universelle l'une des trois religions monothéistes, réduit à un seul le nombre des Livres inspirés de l'humanité, la Bible, et retire à Mohammed son auréole de mystique et de fondateur de religion ! Pourquoi donc si peu de contradicteurs ont accepté de reconnaître le caractère nouveau et prodigieux d'une telle thèse ?... (Pour Hanna Zakarias), il n'est plus question seulement d'« influence » (juive sur le Coran), thèse dans laquelle se sont enferrés tous ses prédécesseurs. Il s'agit d'une œuvre juive et non arabe, d'un réveil judaïque et non de la fondation d'une religion nouvelle* (73). »

On ne pouvait exprimer ma pensée avec plus d'exactitude et de fermeté, et je voudrais voir les pages de M. Georges de Nantes entre les mains de tous mes lecteurs pour leur servir de guide.

Pour suivre à peu près l'ordre chronologique, je mentionnerai ici l'article de M. Pierre Aubray, intitulé *Le Coran serait un livre juif* (74) !

> « *Voici un livre neuf et violent. L'auteur y renverse les idoles, ne cache point sa certitude* (75) *de libérer l'esprit humain d'une très ancienne imposture. Au cours de quelque huit cents pages, derrière le pseudonyme de Hanna Zakarias, ce fougueux islamisant commente, suppose, prouve, laisse échapper sa colère, son impatience parfois méprisante... Sa logique noueuse et rugueuse, étayée sur une telle science sacrée, emporte l'assentiment (ou exige la réfutation en forme qui n'est, semble-t-il, pas encore venue). Or l'hypothèse qu'elle nous soumet est énorme, incroyable presque : le musulman doit la repousser avec horreur, l'arabisant rationaliste avec fureur, car elle mine sa science... De deux choses l'une : ou le Coran, ce bizarre amalgame, est un texte révélé, ou un habitant de La Mecque, puis de Médine, en est, au sens humain, l'auteur. Dans le premier cas Hanna Zakarias n'a pas de peine à montrer que cet Allah révélateur coïncide exactement avec Yahwé. Mais plus étrange, ce Yahwé-Allah est aussi très au courant de l'exégèse du Talmud et des Midrashim... Toute la théologie ainsi « révélée » tient à l'affirmation de l'Unique, comme*

---

73 — *Ibid.*

74 — Paru dans le *Bulletin de Paris*, 61, avenue Franklin-Roosevelt, Paris, 8ᵉ, le 28 février 1937.

75 — Mes lecteurs-amis comprennent que cette certitude est en moi de plus en plus profonde.

*principe actif, vivant, premier moteur et juge de l'Univers. La seconde hypothèse, celle de l'exégèse rationaliste, n'est pas moins obscure : sur 1945 versets de la période mecquoise, 700 ont pour objet des histoires de l'*Ancien Testament *(complétées par le* Talmud*). Seul un Juif très savant a pu ainsi enseigner, et tenter de judaïser les Arabes. Hanna Zakarias nous promet la suite de son œuvre monumentale où il recherchera ce que devient à Médine l'étrange équipe de Mohammed et de son rabbin... »*

Les scrupules politiques de nos arabisants et de leurs instituts, la crainte d'appliquer la méthode historique à un objet aussi privilégié que le Coran, vont peut-être s'atténuer légèrement, conclut ironiquement M. Pierre Aubray.

La revue *France-Inde* (76) s'est beaucoup intéressée aussi à mon travail. Sous la signature de E. L. elle lui a consacré une très longue analyse dans son numéro de janvier-mars 1957.

« *M. Hanna Zakarias s'est préoccupé,* y est-il dit, *d'appliquer aux origines de l'Islam la méthode rigoureuse de l'histoire, ce qui n'a jamais été fait depuis treize siècles. Il existe d'innombrables livres d'exégèse juive et chrétienne, aucun d'exégèse coranique ; livre sacré, livre révélé pour les musulmans Nous sommes donc là devant une œuvre monumentale unique qui se dresse comme un obélisque au milieu d'un univers d'erreurs et de mensonges... Les musulmans ont voulu depuis des siècles substituer Mohammed à Moïse, en faire le nouveau Moïse arabe ; le Mont Sinaï était remplacé par le Mont Hira ; comme Moïse, Mohammed aurait fait retraite sur la sainte montagne ; comme Moïse, Mohammed aurait entendu la parole de Dieu et consigné dans le Coran les révélations d'Allah... Parmi les fondateurs de religions, il n'y a donc aucune place pour Mohammed, qui n'a rien innové, mais a tout reçu des Juifs. L'Islam, comme religion spécifique, est un mythe. Son nom véritable et original es judaïsme.* »

Une autre revue, parfaitement présentée et d'un caractère sérieux et documentaire : C'est-à-dire, dans son numéro d'août 1957 publiait une étude sur la plus récente littérature au sujet de l'Islam, intitulée : *L'Islam, religion révélée ou bluff historique.* IL FAUT CHOISIR, dit l'auteur de cette étude. D'après certains coranisants occidentaux, Mohammed

---

76 — *Revue trimestrielle*, 177, avenue Élisée-Reclus, Pierrefitte (Seine).

« possédait une science remarquable du *Talmud*, de l'*Ancien Testament*, du Nouveau, sans parler des sectes chrétiennes hérétiques, du mazdéisme, etc., etc. Il aurait progressivement assimilé ces sources éparses et fondé sa propre religion. Reste à savoir auprès de qui il aurait acquis cette somme de connaissances.

Chez des Esclaves Chrétiens de La Mecque, disent les uns. Auprès des marchands et colons juifs d'Arabie, pensent les autres. En Syrie enfin... ET L'ON NE CHOISIT PAS... Cette méthode, on le voit, promet de précieux enseignements pourvu qu'on maintienne son esprit jusqu'au bout. Or, par une bizarre inconséquence, les coranisants non musulmans se bornent à constater des similitudes littérales (entre Coran et *Bible* par exemple) sans en tirer des conclusions d'ensemble. Il y a plus. Tantôt ils font leur le principe musulman d'une révélation divine à Mohammed, tantôt ils limitent les influences au simple rôle de catalyseurs et font de ... l'inconscient du Prophète l'auteur du Coran !

« *Prenons dans l'abondante littérature actuellement consacrée à l'Islam trois livres de coranisants distingués :* Mahomet *de M. Gaudefroy-Demombynes, professeur honoraire à l'École des langues orientales ;* Mahomet et la tradition islamique, *de M. Émile Dermenghen, et* Mahomet, Israël et le Christ, *de l'abbé Ledit, ouvrage muni de l'imprimatur. Ces auteurs reconnaissent volontiers que Mohammed fréquente des Juifs et des chrétiens. Mais dès qu'il s'agit de décider si, oui ou non, Allah est l'auteur du Coran, leurs réponses deviennent subitement fuyantes, vagues ou fantaisistes, toujours étrangères à l'esprit méthodique qui les animait jusqu'alors.* »

Et l'auteur de cette substantielle étude passe en revue les trois différents travaux :

a) « *Dans l'avant-propos du premier de ces livres, M. Paul Chalus écrit :*

« *Mohammed a émis*[77] *les sourates en des moments où n'agissait pas seule sa pensée consciente, mais au cours desquels il entendait les échos de sa subconscience où se reflétaient intensément la vie et les aspirations collectives de son groupe. On rejoint la psychanalyse dans sa notion du* « *sur-moi* »... *De toute manière, on débouche sur le transcendant.* »

---

77 — Quel est le véritable sens de cette expression qui manque de clarté et de netteté ?

« *Chers lecteurs, j'ai beau lire et relire ce texte, je vous avoue n'y rien comprendre. Et je ne vois pas comment de pareilles théories peuvent s'accrocher à l'un ou l'autre des versets des* Actes. — *Absolument rien dans tout cela pour satisfaire l'intelligence, pour la mettre en repos. Je relève aussi une ligne dans l'avant-propos de M. Paul Chalus (M. GaudefroyDemombynes,* Mahomet, *1957, p. XXI) une phrase qui me fait bien sourire :* « Mohammed s'est donc toujours refusé à faire des miracles. » *J'ai auprès de moi un jeune étudiant en langues orientales. ... En lisant ce texte, lui aussi sourit :* « Oh, il ne s'en serait pas privé, cet arabe, de faire des miracles, s'il avait pu. Il aurait été trop content d'épater ses camarades ! » *C'est la raison même. Se représente-t-on sérieusement Mohammed ayant le pouvoir de faire des miracles, et y renonçant... Sourions, nous aussi.*

Les textes mêmes de Gaudefroy-Demombynes :

« Mohammed communiait intensément avec la nature et avec les puissances inconnues qui gouvernent le monde », etc., etc.... *ne peuvent fournir aucune explication tant soit peu sérieuse des origines du* « Coran. »
b) « *M. Dermenghen, à son tour passe soudain de l'exégèse cohérente aux spéculations les plus fumeuses :*
« Le Coran ne peut être considéré comme une œuvre littéraire ayant pour auteur Mohammed. Le Coran est un livre « inspiré », il n'est pas le fruit de la seule pensée discursive consciente. La conscience de celui qui l'émettait en des états seconds plus ou moins accentués, mais toujours discernables de l'état normal était reliée alors à sa subconscience profonde, personnelle... mais aussi immergée dans une réalité dépassant le phénomène... Mahomet recevait les fragments du Coran dans des états seconds qui submergeaient sa personne volontaire et conscience. »

Chers lecteurs, je vous propose un échange de bons procédés. C'est pour répondre à votre curiosité que j'écris ces pages ; en revanche, je vous demande un service : auriez-vous la gentillesse de m'expliquer ces textes de M. Paul Chalus, de M. Gaudefroy-Demombynes, de E. Dermenghen, tous ces textes qui tendent à nous faire croire que le Coran est né dans les états-seconds qui submergeaient la personne volontaire et consciente de Mohammed. N'avons-nous pas vraiment l'impression qu'on se moque de nous ? J'attends, amis, vos éclaircissements.

Nous arrivons enfin à la théorie de M. l'abbé Ch. P. Ledit. Cet ouvrage (nous reprenons ici le texte de *C'est-à-dire*) « appartient à ce courant catholique qui veut à tout prix rapprocher l'Islam et le christianisme, frères ennemis faits pour s'entendre. Avec l'aide de saint Thomas d'Aquin, il propose de voir en Mohammed le « mystérieux messager d'une grâce de Dieu », et dans l'Islam « le point culminant d'une révélation « extra-scripturaire ». Et pour donner une apparence scientifique à la « révélation divine », il fait appel au vocabulaire psychanalytique :

> « *Le Prophète s'isolait de la vie consciente pour recevoir des messages ; le sommeil, la couverture, pouvaient favoriser les mécanismes compensateurs de l'inconscient... Mohammed soldait ainsi le déficit affectif de sa psychologie consciente.* »

Je crois rêver en parcourant ces explications freudiennes de l'origine du Coran ! Que signifient vraiment ces rêvasseries ? Quel que soit le caractère sympathique de ces auteurs, et l'amitié personnelle que j'éprouve pour chacun d'eux, j'aurais un immense remords de conscience si je paraissais approuver — ne serait-ce que par mon silence — des théories aussi ahurissantes. J'ai trop les pieds sur la terre pour me laisser entraîner dans ce « bourbier » inextricable.

Au sujet de l'ouvrage de M. l'abbé Ledit, on lira avec profit les paroles de Mgr A. Vincent dans l'*Ami du clergé* du 31 janvier 1957. L'auteur rappelle tout d'abord que M. Ledit a déjà publié dans un ouvrage intitulé *Littérature religieuse*[78] un long chapitre de près de 150 pages sur le Coran et la religion de l'Islam ;

> « *Il y faisait preuve d'une belle connaissance des textes religieux musulmans ; mais peut-être avait-il un peu trop cédé à ce qu'il appelle la* « *séduction de l'Islam*[79]... *Son étude voudrait fournir une base à ce dialogue (entre les tenants du monothéisme). La première partie de*

---

78 — Paris, Armand Colin, 1949.

79 — Quelle est donc cette fameuse séduction de l'Islam ? Je vois la séduction du catholicisme avec la Vierge Marie, son divin Fils, l'amour divin. Mais, de grâce, qu'on nous expose clairement cette séduction dans l'Islam ! S'agit-il de cartes postales, des sables sahariens, de la liberté vis-à-vis des femmes, du manque de morale ? Dites-le nous avec sincérité. Nous ne demandons qu'à nous instruire.

> *l'ouvrage présente l'avènement de l'Islam dans l'histoire, puis dans la vie de Mahomet, et finalement dans la bénédiction d'Abraham. Cette dernière partie prétend situer l'Islam sur le plan de la théologie, et l'auteur veut y voir une religion authentique, établie sur le fondement des Apôtres et des Prophètes, et qui s'ouvrait, comme celle d'Israël, aux dépassements messianiques.*
>
> « *Pour de nombreuses raisons (continue Mgr A. Vincent) le recenseur se refuse à voir dans Mahomet un quelconque envoyé (rassoul Allah) de Dieu (Ledit, p. 174). Il ne saurait accepter pour Ismaël, c'est-à-dire pour les Arabes, l'authenticité du charisme qui le ramène dans la bénédiction d'Abraham. Il lui est impossible de reconnaître dans l'itinéraire spirituel de Mahomet une ligne parfaitement droite.* »

L'auteur de la crypto-lettre de juin 1957 (80), dans un passage reproduit par G. de Nantes dans l'*Ordre français*, juin-juillet 1958, p. 40, commence par faire une remarque très importante sur les réactions musulmanes vis-à-vis des théories de M. Massignon :

> « *La revue d'al-Azhar (la principale revue musulmane à l'heure actuelle) a fait, ces dernières années, une allusion à ce mouvement mystique qui lit les livres révélée* (81) *à la lumière de ses sympathies* allahgiennes, *d'où le désaccord possible entre son interprétation et celle des ouléma des diverses religions ; et elle terminait son article en écrivant — (écoutez bien amis-lecteurs) —* (82) : La plus grande partie de ce que les orientalistes appellent mystique musulmane n'a aucun point commun avec l'Islam. »

Après avoir écarté de cette façon et à juste titre les théories de M. Massignon sur l'Islam, l'auteur de cette lettre aborde l'ouvrage de M. l'abbé Ledit.

Or actuellement deux ou trois chrétiens de cette tendance commencent à essayer de raisonner théologiquement sur cette vue de l'Islam ; ils en viennent à soutenir qu'il y a parfaite compatibilité entre

---

80 — Voir plus haut, p. 46-48.

81 — De quels livres révélés s'agit-il ? Du Coran ? ? Il faudrait que l'auteur de cette lettre précise bien sa pensée.

82 — Parenthèse personnelle.

nos dogmes catholiques et une théorie de l'inspiration réelle du Coran. Ils donnent à Mahomet soit le titre de « prophète directif » (il lui appliquent l'expression de saint Thomas, Ia.-IIæ, Q. 174, a. 6, qui vise le cas des révélations privées à l'intérieur de l'Église), soit de vrai prophète suivant un type de prophétie « négative ». Ces vues commencent à être exprimées dans des articles ou même dans un livre ; et bien des chrétiens les reçoivent comme le dernier mot de la théologie. Entre parenthèses, toutes les fois que vous rencontrerez les expressions d'« *Israël spirituel* », d' « *attente eschatologique de Jésus dans l'Islam* », ou de « *voie parallèle au salut* », dressez l'oreille et faites attention : nous voilà sur un terrain brûlant. *La Vie Spirituelle*, cet hiver 1957, a été un peu rapide en couvrant de fleurs le livre de l'abbé Ledit :

> « Mahomet, Israël et le Christ », *récemment paru, alors que les thèses de l'auteur auraient mérité d'être dégagées sinon immédiatement discutées* (83). »
>
> « C'est-à-dire, *après avoir montré le néant et l'incohérence de ces explications de l'origine du Coran par le subconscient de Mohammed, conclut en quelques mots :*
>
> « *La pauvreté de ces explications n'a qu'une origine : le refus de poser nettement le problème des sources du Coran. Ou l'on admet Dieu pour auteur, et l'exégèse comparative est vaine. Ou bien le Coran est l'œuvre d'un homme, et l'on mène l'enquête jusqu'au bout. Au lieu de cela, les coranisants préfèrent recourir à l'inconscient de Mohammed, à sa « conscience prophétique » ou mystique. Cela ne résout pas la question des sources, mais nous rend plus difficile à comprendre les emprunts du Coran à la Bible. On mesure l'importance du débat : si l'on peut prouver que l'auteur du Coran a édifié son livre en traduisant en arabe des textes hébreux puisés dans la Bible, et en les adaptant à la mentalité arabe, Mahomet est un imposteur, puisqu'il dit* (84) *avoir reçu directement du Ciel, lui l'illettré, la Parole incréée. L'Islam devient le plus grand « bluff de l'histoire religieuse » !*

---

83 — Cité par G. de NANTES, dans l'*Ordre français*, juin-juillet 1958, p. 41-42.

84 — En vérité, ce n'est pas Mohammed qui le dit, mais le rabbin qui le lui fait dire. Dans les *Actes*, ce n'est jamais Mohammed qui parle, mais l'auteur juif lui-même. À partir des *Actes*, il est plus facile d'écrire une vie du rabbin, qu'une biographie de Mohammed.

> « *Cette preuve, un coranisant français se flatte de l'apporter.*
>
> « *Et pour ne pas trahir ma pensée, les directeurs de* C'est-à-dire *me demandèrent d'exposer moi-même mes conclusions.* « *Ces conclusions* », *vous les connaissez, chers lecteurs, sont naturellement à l'antipode des conclusions traditionnelles. Mais l'analyse minutieuse qu'elles supposent nous offre la seule possibilité de comprendre dans le total repos intellectuel le Coran et l'Islam. Il n'y a dans la religion arabe aucune originalité : le Coran arabe n'est que le double du Coran hébreu et, dans son origine, l'Islam n'est qu'une communauté d'Arabes convertis au judaïsme.* »

Mgr A. Vincent, ancien professeur de l'Université de Strasbourg prit publiquement et pour ainsi dire officiellement position vis-à-vis de mon travail dans une étude qu'il lui consacra dans l'*Ami du clergé* du 15 mai 1957, étude qui fut particulièrement remarquée.

Mgr A.Vincent ne partage pas mon opinion sur le rabbin de La Mecque.

Nous en discuterons un peu plus loin. Mais :

> « *Si on ne peut admettre l'hypothèse d'un rabbin juif, maître de Mahomet, il est un point sur lequel M. Hanna Zakarias a eu raison d'appeler l'attention : celui de la composition du Coran et de son authenticité... M. Zakarias répond : Le Coran primitif est perdu. Le premier Coran est le Coran hébreu de Moïse. Il a été traduit, toujours par le fameux rabbin, de l'hébreu en arabe, et confié par lui à Mahomet. Ce premier Coran est perdu, mais il en demeure des traces dans le Coran actuel que notre auteur appelle* « Les Actes de l'Islam ». *Les critiques ne seront pas tous convaincus par le brillant exposé de cette thèse. Elle aura néanmoins l'avantage d'appeler l'attention des savants sur la composition du Coran et sur l'authenticité du texte qui nous reste.*
>
> *Toute cette recension est faite avec le plus grand effort de bienveillance, et j'en remercie cordialement l'auteur qui ne sera certainement pas surpris si j'insiste encore, bien que très brièvement, sur la présence du rabbin à La Mecque, rabbin maître de Mohammed et compositeur du Coran arabe, composition qui, à mon sens, n'a rien à faire avec Abou Bekr, encore moins avec Hafça, la fille d'Omar, ni avec des tessons, des omoplates de*

chameaux, des fragments de cuir. Le Coran comme il me semble l'avoir bien démontré, a été composé fort tranquillement et sur du parchemin et avec de l'encre par le rabbin de La Mecque, *au début de la seconde période Mecquoise* (85).

---

85 — Au même moment qu'il écrivait son étude dans l'*Ami du clergé*, Mgr Vincent exposait ces mêmes vues dans le *Journal des Débats*, mai 1957. On m'a signalé aussi qu'un M. ALLARD avait publié dans les *Études*, de janvier 1957, un compte rendu sur mes travaux : « *Critique d'une insigne faiblesse* », dit G. de Nantes, dans l'*Ordre français*, juin-juillet 1958, p. 45.

CHAPITRE VII

Islam et critique historique

Comme beaucoup de mes correspondants me l'ont fait remarquer, la plupart des coranisants deviennent comme paralysés par une sorte de crainte révérentielle dès qu'ils abordent la lecture du Coran ; et ces mêmes hommes qui pataugent dans l'*Ancien* et le *Nouveau Testament*, sans vergogne et en véritables matadors, sont comme annihilés devant le Pseudo-Coran. Qu'ils le sachent bien, si j'ai écrit les travaux que vous connaissez, c'est pour rendre à ces hommes leur entière liberté. N'ayez plus peur. Ce Coran qui n'est pas un Coran, mais un Pseudo-Coran n'a rien de maléfique. Vous pouvez l'aborder sans crainte, comme on aborde n'importe quel texte, comme vous abordez vous-mêmes nos saints Livres.

Je ne me flatte pas, bien sûr, d'avoir résolu toutes les questions, mais d'autres viendront après moi qui reprendront ma pensée pour la pousser jusqu'à ses dernières conclusions. Je suis convaincu que l'Islam ne résistera pas à l'examen critique.

D'après un communiqué de l'*Agence Fides*, publié dans *La Croix* du 16 décembre 1956, si :

> « *Les progrès de l'Islam en Afrique française et dans l'Afrique en général, son extension rapide, les difficultés de conversion des musulmans, sont bien connus, on peut cependant affirmer que l'Islam, en tant que religion, perd de son influence profonde. La jeunesse noire musulmane croit de moins en moins à l'Islam religieux, ne recherchant dans*

l'appartenance à cette religion qu'un trait d'union avec des populations qui paraissent plus proches d'elle et, surtout, y puisant une force contre ses maîtres d'aujourd'hui. »

L'éveil du nationalisme, s'il est accompagné d'un éveil intellectuel, d'un éveil de la critique exégétique et historique, pourrait bien marquer la fin du bluff musulman arabe.

Quand on parle des progrès de l'Islam arabe, il ne faut jamais oublier les facilités qu'il offre à ses adeptes : une morale sans précepte, contrairement à ce que nous trouvons même chez nos frères fétichistes, un seul dogme : le monothéisme juif ; pas de théologie ; pas de sacrements. Ce qui m'étonne, c'est que tous nos bons anti-cléricaux français ne se fassent pas musulmans. Voyons, un bon mouvement. Vous y êtes presque ! Naturellement, je ne mets pas au compte des convertis les femmes qui embrassent l'Islam arabe pour régulariser leur union complète avec les musulmanisés orthodoxes ou dissidents.

À la date du 24 novembre, je reçois cette lettre d'un évêque :

« *Cher Monsieur, veuillez me faire expédier deux exemplaires de votre ouvrage* « *De Moïse à Mohammed.* » *L'un est pour un chrétien qui s'intéresse aux questions de l'Islam, l'autre pour un catéchumène qui fut musulman et à qui j'ai fait lire votre livre ; il veut l'avoir dans sa bibliothèque... l'étudier et s'en servir auprès de ses ex-confrères musulmans... La jeunesse africaine cherche à s'instruire et tourne le dos aux marabouts qui l'exploitent ; l'esprit critique ne manque pas... Il faut détruire ce* « *bluff* » *de l'Islam. Ce qui me fait parfois rager, c'est de voir comment les catholiques et même le clergé de France s'efforcent de concilier Christianisme et Islam. Ils n'ont jamais étudié l'Islam sérieusement et surtout, ils ne l'ont pas vu à l'œuvre.* »

Je considère mes travaux uniquement comme une rampe de lancement d'où s'élanceront des esprits désintoxiqués et équilibrés pour la conquête de la vérité, en l'occurrence pour l'éviction totale de l'Islam du bassin méditerranéen et je remercie Dieu si j'ai pu contribuer de quelque façon, la plus minime soit-elle, à redresser les esprits qui s'intéressent de près ou de loin à l'Islam arabe. Mes lecteurs-amis n'ont pas manqué de mettre en relief cet aspect de mon travail. Un savant versé dans l'exégèse biblique m'écrit le 26 novembre 1956 :

« *Ma déception est grande de voir les auteurs modernes prendre le Coran comme un absolu, à la manière de la* Bible, *et se refuser de lui appliquer, à mon avis par crainte de le détruire, la critique littéraire et historique qu'ils ne redoutent pas d'appliquer à la* Bible. *La* Bible *a résisté au rationalisme. Attendez le jour où la critique touchera au Coran et ce jour est venu — il n'en restera rien* (86) *!* »

Quelques jours après, le 28 décembre 1958, un professeur très en renom me communiquait ces réflexions :

« *J'ai bien reçu vos deux beaux volumes... Naturellement je n'ai pas encore pu les lire, mais j'en connais les positions principales. Ce que je connais moi-même de la question me porterait à croire que vous avez raison sur un certain nombre de points, mais sur d'autres, je me séparerai de vous. Attendons que j'aie pu faire l'étude personnelle et sérieuse de vos positions. En attendant, bien cordialement, je vous félicite. Vous avez soulevé des questions que je me posais depuis longtemps. Bousquet, professeur d'Alger, me disait :* « *Aussi longtemps que les Arabes n'auront pas introduit dans le Coran la critique historique, il n'y aura rien à faire avec eux.* »

Le même correspondant — il ne me connaît pas, ce qui l'amène à me faire des éloges qu'il refuse à Hanna Zakarias — m'écrit à nouveau le 14 janvier 1957 :

« *Je vous approuve ; c'est un premier coup de hache à un arbre vermoulu.* »

« *J'ai fait lire* », m'écrit encore un autre professeur, le 24 février 1957, « *j'ai fait lire abondamment votre étude qui obtient un grand succès et à* X... *qui m'enseignait que si on appliquait un jour la méthode historique au Coran tout tomberait en ruines. Je souhaite un grand succès à votre entreprise.* »

Dans sa recension, *Bulletin de Paris* du 28 février 1957, M. Pierre Aubray termine par cette réflexion :

« *Les scrupules politiques de nos arabisants et de leurs Instituts, la crainte d'appliquer la méthode historique à un objet aussi privilégié que le Coran vont peut-être s'atténuer légèrement.* »

---

86 — Lettre du 25 novembre 1956.

D'origine quasi-orientale, élevé dans un milieu de musulmanisés, connaissant « naturellement » l'arabe et la littérature arabophone, un religieux m'écrivit, le 20 juin 1957, cette lettre qui détermine les véritables responsabilités et j'aime, lecteurs-amis, mettre sous vos yeux cet important document :

« *Cher Monsieur, j'ai lu votre livre* De Moïse à Mohammed *et je le crois très solide. Quand on parle à des Arabes bons musulmans, on s'aperçoit très vite, pour peu qu'on aborde les points de la religion, qu'on se trouve en présence chez eux, à la fois d'un donné religieux dont certains points sont très bons : un seul Dieu, Rebbi ouahad ; un jugement, à la fin de la vie ; le Bien et le Mal moral dotés de récompense (je conserve le texte même de ce rapport) dans l'Au-delà, un ciel, un enfer ; une seule vie, ici-bas. Rien de l'hindouisme et de ses réincarnations, l'omnipuissance de Dieu — sous cette forme. Tout ce qui peut se nommer sur terre n'a pu y être placé que par Dieu, sauf le mal. Et à part quelques exagérations vers un certain absolutisme — jusqu'au fatalisme, tous ces points n'ont rien d'inconnu ou de surprenant pour un catholique. D'où cela vient-il ?*

« *Mais on est ainsi et aussitôt en présence d'un donné historique : le Coran, c'est-à-dire le livre écrit en arabe, révélé jusqu'aux lettres qui le composent, le Coran éternel, incréé ; Mahomet, gratifié de visions qui se télescopent et se recouvrent, se recoupent à point nommé ; des versets qui se combattent et se contredisent, et déclarés, pour les besoins de la cause, abrogeants, abrogés — sans qu'on soit tellement sûr de celui qui détruit l'autre ; et d'autres cas de manipulations de ce genre.*

« *Je ne crains pas de le dire : à côté d'un fond religieux, d'un donné dogmatique indiscutable, c'est-à-dire qu'on ne peut, si l'on est catholique, discuter, car il est authentiquement biblique — et dont je fais pour ma part le plus grand cas, quand je le trouve dans une âme musulmane, quand nous causons à cœur ouvert, musulmans et moi —, il y a tout autour de ce fond, de ce donné, une « cuisine » de faits historiques, romancés, beaucoup plus difficilement acceptable. Alors, permettez-moi de poser immédiatement aux catholiques islamisants, cette question : Qu'est-ce que le Coran ? Mahomet prétend l'avoir reçu en message, de Dieu. Quelle sorte de message y a-t-il donc dans le Coran ? Manifestement le contenu du Coran arabe en l'examinant tel qu'il est en lui-même doit montrer ce qu'il est, et s'il est vraiment un message de Dieu, en l'examinant en lui-même on doit bien voir ce que Dieu aurait voulu nous dire : est-ce une doctrine différente de celle de la* Bible *? Est-ce la même ? Les Islamisants catholiques doivent ici prendre nettement position et répondre si le Coran présente une doctrine différente des dogmes bibliques, qu'ils le montrent. Et si le Coran est une révélation nouvelle, qu'ils nous disent clairement s'il y a encore de véritables révélations après l'Évangile. La doctrine coranique est-elle semblable à la doctrine biblique, concordante avec elle ? Dans ce cas, pourquoi Dieu a-t-il révélé deux fois la* Bible *?*

« *Vous nous montrez, cher Monsieur, que le Coran est purement et simplement la* Bible *mise en arabe, dans une ambiance de luttes et d'oppositions de contradicteurs païens et catholiques à La Mecque et à Médine. Alors, il faut se retourner vers les islamisants catholiques et leur demander : est-ce vrai ? Et pour mettre tout le monde au pied du mur et que la vérité se précise nettement dans la discussion, leur dire : à vos yeux le Coran est-il révélé, c'est-à-dire dit par Dieu. Et en particulier, la foi catholique admet-elle que, après l'Évangile, la Révélation n'est pas close et que Dieu révèle de-ci, de-là, à certains peuples un peu éloignés sur la planète, quelques bribes de doctrine biblique ? Remarquez-le, en effet, le débat est d'abord entre catholiques, entre les islamisants qui tiennent pour un Coran de Mahomet indépendant de la* Bible, *et révélé par Dieu de toute pièce, et les autres. S'ils n'admettent point que le Coran ait été révélé par Dieu à Mahomet, alors qu'ils le disent. Et le Coran est autre chose : une compilation, une transcription de la* Bible. *Et s'ils admettent que le Coran a été révélé par Dieu à Mahomet, qu'ils le disent aussi et qu'ils avouent conséquemment qu'ils admettent d'autres révélations après l'Évangile.*

« *Et comme le Coran — vous le démontrez — n'est en sa partie dogmatique que la* Bible *mise en arabe et agrémentée* (sic) *d'une forte dose de réminiscences talmudiques — que ces mêmes catholiques disent donc que Dieu, s'il a révélé le Coran à Mahomet, lui a re-révélé la* Bible *— qu'il pouvait d'ailleurs lire ou se faire lire très facilement chez le rabbin du coin. Et non seulement la* Bible, *mais pas mal du* Talmud (87) *ce qui aurait l'avantage de mettre le* Talmud *à la hauteur des livres canoniques. Ces catholiques, j'entends les islamisants, admettent-ils que Dieu se livre à un petit jeu pareil, en faveur de Mahomet ?*

---

87 — Je conserve les termes mêmes de ce rapport.

« Ne l'oublions pas, cher Monsieur Zakarias, le mérite de votre ouvrage me paraît surtout d'avoir montré (victorieusement, à mon avis) que le Coran, c'est la BIBLE, KORAN — la chose à lire — le livre par excellence. Et la chose qu'on lit dans le Coran, c'est exactement la chose qu'on lit dans la Bible, agrémentée (sic) du Talmud et des prescriptions politiques, matrimoniales, ou guerrières ou sociales qu'on voudra, mais qui n'ont rien à voir avec le dogme.

« Que les catholiques islamisants se tirent de là : le Coran est une Bible en arabe. Cette Bible-Coran a-t-elle été révélée par Dieu ? Ou sinon, quoi ?

« Et si je parais si ardent à ce que l'on mette ces points au clair, c'est qu'il faut savoir qu'en causant avec l'Arabe musulman, on a souvent la tristesse, après avoir rencontré un fond religieux dogmatique en grande partie acceptable et authentique aux yeux du catholique, de buter sur Mahomet et toute cette affabulation ahurissante et romancée — qu'on nous a transmise et que nos islamisants ont acceptée sans la vérifier — sur les débuts de l'Islam et sa genèse romancée.

« Pour l'amitié catholico-musulmane, débarrassons (sic) tout le problème du Coran de ce qui ne serait pas vrai. Et pour le bien de cette âme musulmane, et notre rapprochement réciproque, mettons mieux à jour son fond dogmatique et religieux : qui est Bible, bible authentique et balayons de cette âme musulmane tout ce qui dans les faits historiques ne tient pas.

« Il appartient aux catholiques, entre eux, de mettre au clair ce problème. Prenons un exemple. Il n'est pas indifférent qu'on puisse et qu'on ait pu, dans une réunion de catholiques et de musulmans, présidée par un évêque catholique, tenir et présenter le Coran comme une révélation de Dieu, en partie différente, en partie à égale hauteur que la Révélation biblique, ou de savoir que le Coran n'est vraiment que la Bible, *la* Bible *en arabe* et versée dans l'âme arabe et transfusée en elle au VIIe siècle.., dans des conditions particulières », durant les remous sociaux et les discussions du VIIe siècle. ... S'il n'est pas révélé... il n'y a plus qu'à chercher le rôle de Mahomet : rapporteur, compilateur. »

Le temps d'admirer tout ce qui est arabe est révolu. Nous vivons en des temps réalistes et c'est le moment de rendre des comptes, comme le dit en termes précis cet érudit islamisant dont nous venons de reproduire la lettre. Nous n'admirons plus les crimes, même quand ils sont commis dans des palais arabes. Nous n'applaudissons plus aux brigandages, même quand ils sont perpétrés au nom d'Allah ! Allah, Mohammed, le Coran, ont perdu tout prestige à nos yeux. Il nous faut des données précises. La critique a les mêmes droits sur Allah, Mohammed et le Coran que sur le judaïsme et le christianisme. Ce droit va maintenant entrer en plein exercice et les générations prochaines constateront si l'Islam résiste à la critique comme ont résisté victorieusement la religion de Moïse et celle de Jésus. Sans être prophète, je pense prédire avec certitude l'effondrement de la religion de Mohammed ; et nous pensons que, dans un temps plus ou moins éloigné, l'Islam aura disparu du bassin méditerranéen et du Proche-Orient. Le mythe est maintenant dégonflé ; le bon sens est en route ; d'étape en étape, il gagnera les masses qui sentent d'instinct le malaise de l'incertitude. C'est pourquoi les chefs qui gouvernent ces masses ignorantes et incultes s'opposent à la fondation d'écoles primaires ; ils repoussent tout projet d'écoles secondaires, et dans ce qu'ils appellent leurs « Universités », aucune place n'est faite à la critique du Coran. CES DIRIGEANTS ONT PEUR DE LA LUMIÈRE. ILS NE PEUVENT RÉGNER QUE SUR DES MASSES IGNORANTES.

À la date du 25 janvier 1957, un missionnaire qui fait au premier chef partie de mes lecteurs-amis, m'envoie quelques suggestions capitales au sujet de la méthode historique qu'il est grand temps d'appliquer aux études islamiques :

> « Ici même, nous parlons souvent de vous. On me dit que vous préparez une vie de Mahomet plus simple. Très bien. Je dis « très bien », mais sans croire que ce soit le mieux. Car cela, un de vos disciples qualifié pourrait le faire ou au moins vous le préparer. A chacun son charisme. Vous avez sûrement celui de vous faire comprendre et il n'y a pas dans vos livres deux lignes qui aient le ton du doctorat académique. Mais vous avez plus encore le charisme de la recherche et de la découverte, bien supérieur...
>
> « Pour agir sur l'opinion musulmane et ébranler leur certitude il faut atteindre la forteresse principale. Or, CETTE FORTERESSE PRINCIPALE, CE N'EST PAS MAHOMET, C'EST LE CORAN. Ce n'est pas le prestige de Mahomet qui soutient le Coran, c'est l'inverse... le plus impressionnant pour un musulman... ce sont les analyses textuelles détaillées des sourates que vous citez : par elles peut s'opérer un retournement de l'esprit (88).

---

88 — Voir p. 71 lettre du 25 janvier 1957.

> « Comme encouragement, je vous dirai que le problème coranique n'est pas sans faire de difficultés ici pour les musulmans de bonne foi, au moins chez les étudiants... Beaucoup cherchent... L'un d'eux par exemple avait fait tout un travail sur Islam et Christianisme. Mais ce qui manquait essentiellement à ce genre de comparaison, lui avais-je fait remarquer, c'est la troisième dimension que, justement, votre livre met en valeur : Israël et l'Ancien Testament. L'ignorance absolue de la Bible par les musulmans ne facilite pas les choses. Raison donnée : le Coran dit que les écrits juifs et chrétiens ont été interpolés et donc sont sans valeur dans la mesure où ils se séparent du Coran ; motif supplémentaire pour les savants qui ont lu quelques critiques rationalistes du XIXe siècle : on reconnaît qu'il n'y a aucun livre authentique dans la Bible, sauf Jérémie (sic) ! Et je ne parle pas de tout l'élément passionnel qui s'ajoute à tout cela... Ce n'est donc pas une œuvre facile qui est entreprise. Qu'importe ? »

Oui, qu'importe ? Le premier coup de hache solide est donné sur cet arbre vermoulu. Il en mourra et c'est avec toute ma foi que je remercie le Seigneur des cieux et de la terre de m'avoir dessillé les yeux et d'avoir contribué à faire passer « *l'Islam sous la toise* » de la critique historique.

M. Georges de Nantes a saisi vraiment ma pensée par le fond, quand il intitula sa première étude : « *l'Islam sous la toise* (89). » En effet, l'Islam, comme le judaïsme et le christianisme, est maintenant dépouillé de tous ses privilèges. Le Coran, comme tout autre document littéraire, devra passer sous la toise de la critique exégétique et historique.

> « *L'Islam, par une surprenante exception, n'a pas subi un choc comparable (à celui infligé aux autres religions), de la part du rationalisme occidental. Il était peu convenable durant les cent dernières années de croire encore en la divinité de Jésus, mais nul ne songeait à combattre au nom de la science la religion de Mahomet le Prophète. Cette exception est si remarquable que, par tradition, notre Etat laïc refuse au nom de la Raison et de la Science toute liberté et toute assistance à l'Église, mais vénère l'Allah des musulmans, lui construit des mosquées, traite ses ministres et soutient ses écoles coraniques à l'égal de ses propres administrations. L'Islam serait-il en accord si évident avec la Science et le Progrès ? En aucune manière. Dès l'origine, sa conception de la révélation*

---

89 — Dans l'*Ordre français*, n° 8, janvier 1957, p. 53-76.

a paralysé l'étude intellectuelle du Coran, tandis que son imagination débridée multipliait sans retenue un écheveau de légendes sous lesquelles les événements historiques disparurent sans laisser de trace. Catholiques et incroyants ont l'habitude encore aujourd'hui, malgré leur sens hypercritique, de considérer l'Islam comme un vieux frère qui a fait ses preuves et demeure sans fissure, comme un édifice éternel. Tous acceptent le Coran comme un Livre saint conservant un corps de vérités religieuses révélées par un vrai Dieu, Allah, et sur lequel s'est édifié immédiatement l'Islam, admirable religion monothéiste... Un homme enfin, le premier depuis l'hégire, en 622, sur ce sujet qui touche plus de trois cent millions d'êtres et détermine pour une bonne part l'histoire de l'humanité, a voulu faire la vérité, a étudié méthodiquement et tranquillement les documents, a formulé une hypothèse et paraît être tombé si juste que les minutieux travaux de son immense érudition n'ont plus été dès lors qu'une constante, éclatante, redondante confirmation de son idée première, à la vérité d'une admirable simplicité, comme toutes les découvertes géniales(90)... »

« *L'Islam s'est toujours refusé à cette identification scientifique de l'auteur du Coran, de ses sources, de son contexte humain).* Pour lui, « le Coran est un livre révélé, et Mohammed un Prophète ». *Cet axiome doit exclure tout doute et toute recherche... Les coranisants occidentaux n'analysent pas le Coran avec beaucoup plus de rigueur scientifique. Ils acceptent à priori l'axiome musulman du Coran, livre des révélations faites par Allah à Mohammed le Prophète. Ils s'estiment très hardis s'ils expriment un doute sur cette origine divine*(91) ... »

« *On peut considérer la contribution de Hanna Zakarias à la science des religions comme acquise tant que les coranisants n'auront pas renoncé à leurs théories pitoyables, à leurs commentaires romancés et contradictoires, ni réfuté sérieusement sa complète démonstration : il n'existe au monde qu'un Livre qui puisse être considéré sans démission de l'esprit comme révélation divine, c'est la* Bible. *Qu'un lecteur peu au courant de ces questions n'imagine pas en effet que la méthode critique dont use Hanna Zakarias aboutirait, si on l'appliquait à l'exégèse biblique, à une pareille démolition de la foi judéo-chrétienne. Il y a longtemps que cette foi a subi les assauts de la critique rationaliste. Dès les premiers siècles,*

---

90 — *Ordre français*, n° 8, p. 55.
91 — *Ordre français*, p. 57.

ses dogmes parurent des concepts arbitraires, contradictoires et absents des Écritures, donc doublement irrecevables. Plus tard, la philosophie à laquelle s'adossait sa théologie parut insuffisante et contestable. Mais surtout, dans les temps modernes parut la critique historique... Maints érudits crurent alors que la foi en l'Église, en Jésus-Christ, aux Écritures, allait se révéler un mirage et le fruit légendaire d'une immense illusion collective (92). »

Aujourd'hui, c'est au tour de l'Islam à passer sous la toise ! Le travail est commencé. Nous savons de science certaine que « la substance même du Coran, son esprit religieux essentiel sont ceux du judaïsme, de même que ses principales sources littéraires. C'est sans doute une découverte impressionnante, à treize siècles de distance, pour les Juifs fidèles à leur tradition millénaire et pour les chrétiens imbus de l'*Ancien Testament*, de considérer le monde arabe, non plus comme l'objet d'une hypothétique révélation particulière, mais comme un « *frère séparé* » vivant encore de la sève première qui monte du tronc vigoureux de la religion mère. Il était opportun, il était indiscutablement bon de détruire en ce domaine la prétention à la suprématie religieuse et politique que l'Islam fonde sur sa croyance à une révélation exclusivement et spécifiquement arabe (93). »

Il faut que, comme le judaïsme, comme le christianisme, l'Islam passe sous la toise.

IL NE PEUT PLUS Y ÉCHAPPER.

---

92 — *Ibid.*, p. 70.
93 — *Ordre français*, p. 72.

CHAPITRE VIII

LE RABBIN DE LA MECQUE

La présence du rabbin, que j'ai introduit comme compositeur du *Corab* et fondateur de l'Islam arabe, gêne beaucoup de coranisants. Comment un rabbin a-t-il pu à La Mecque influencer Mohammed, alors qu'on ne sait même pas s'il y avait des Juifs dans cette agglomération, qu'on ignore l'existence même d'un rabbin dans ce centre commercial arabe ?

Le raisonnement de ces coranisants est simple, tout simple : nous ne connaissons à La Mecque ni Juifs, ni synagogue, ni rabbin ; donc il est impossible d'expliquer la formation de Mohammed et la composition du Coran par un rabbin. On ne peut imaginer un raisonnement plus simpliste.

Mes lecteurs se sont déjà chargés de répondre à cette objection. Un certain nombre d'entre eux m'écrivent, en effet, que cette hypothèse du rabbin est pour eux une véritable lumière, que mon explication est la plus raisonnable qu'ils aient rencontrée ; qu'elle résout si bien les problèmes de l'origine du Coran qu'il leur est désormais difficile de penser d'une façon différente.

> « *Je voulais surtout vous remercier pour le livre sur Mahomet : tout s'explique enfin ! Il y avait tellement d'obscurités et de contradictions, qu'il est heureux qu'enfin il n'en reste rien* (94) *!* »

---

94 — Lettre du 29 novembre 1956.

> « *Pour ma part, je crois que des ouvrages tels que les vôtres sont le seul moyen de combattre efficacement l'Islam, en réfutant l'imposture de Mohammed à sa source* (95). »

> « *Ils vous demanderont à brûle-pourpoint le nom de ce fameux rabbin de La Mecque... peut-être même sa généalogie ! Remarquez que, à votre place, je les leur donnerais, quitte à leur montrer que, si je veux, je puis aussi fabriquer comme eux des romans ! Et puis, pendant qu'ils vérifieront si c'est exact — (peut-être qu'ils y arriveraient, on ne sait jamais !) — ils suspendraient le cours de leurs élucubrations fantaisistes. De l'autre côté, on vous demandera le nom du curé, antagoniste du rabbin ! Tant qu'on n'aura rien de plus sérieux à opposer à la critique interne du Coran que vous avez faite, je crois que vous conserverez l'approbation et la sympathie de ceux qui vous auront lu* (96). »

Un de mes recenseurs qui repousse publiquement la composition du Coran par le rabbin, m'écrit dans une lettre personnelle :

> « *Je vous avouerai que si votre ouvrage m'a intéressé et beaucoup instruit, j'ai trouvé qu'il finissait abruptement. La conclusion est claire, Mahomet n'est que le disciple du rabbin, mais on désirerait savoir comment a été fabriqué le Prophète de l'Islam et par quels sortilèges et machinations — c'est peut-être ce qu'il faudrait faire ressortir dans l'ouvrage que vous préparez, soit dans un avant-propos soit dans un épilogue ; — car de Mahomet on ne connaît que la fausse histoire ; encore serait-il intéressant de savoir comment est née cette histoire* (97). »

Un religieux, que je ne saurais trop remercier pour ses encouragements, m'écrit aussi dans une de ses dernières lettres, du 30 mai 1957 :

---

95 — Lettre du 31 juillet 1958 ; voir aussi lettre du 7 juin 1958 : « *Il ne s'agit pas de l'intérêt que je porte à vos ouvrages, c'est plus fort que cela, une espèce de passion que vous comprendrez aisément lorsque j'aurai la joie de vous rencontrer. Depuis plus de vingt ans, nous sommes deux amis à remuer ce problème que vous avez traité magistralement, en rabbi de haute classe Nous avons passé des soirées à discuter de cette conviction qui était nôtre, dans le rire général de ceux qui croyaient au paradoxe plutôt qu'à une évolution logique.* »

96 — Lettre du 24 août 1956.

97 — Lettre du 15 janvier 1957. L'auteur de cette lettre est un exégète de haute classe, longtemps professeur dans une Université d'État.

> « *Le P. Lammens avait fait, ou plutôt amorcé un pas dans la voie que vous ouvrez et débloquez, en qualifiant l'Islam de* « *Mosaïsme bâtard* »*. Dans le lointain passé, l'inspiration de Mahomet avait été imputée à un moine nestorien gyrovague, Sergius Bahira (F. Noue, dans le* Muséon*). Les coranisants unanimes ont répudié Lammens et nié Bahira. Votre découverte* — *et c'en est une capable de révolutionner toute leur islamologie* — *du savant et fervent rabbin instructeur de Mahomet, puissamment confirmée, je n'en doute pas, par votre deuxième section, la Médinoise, qui me paraît devoir être cogitante et lever tous les doutes.* »

C'est un évêque qui m'écrit à la date du 7 juin 1957 :

> « *Il est curieux de constater dans les critiques qui vous sont faites le grief de manque d'objectivité, alors que, au milieu d'un fatras de légendes et d'hypothèses, votre thèse est la première à s'appuyer sur la seule base réelle : le Coran. On vous accuse d'inventer ce rabbin inconnu, dont nul n'a jamais fait mention. L'œuvre suppose l'auteur comme l'effet, la cause. Évidemment, on préférerait avoir un ouvrage signé, avec une courte biographie de l'auteur, mais ces témoignages n'existant pas, retrouver l'auteur à partir de l'œuvre semble tout à fait raisonnable. Mais chez nos coranisants, la raison a depuis longtemps fait faillite... Votre ouvrage n'aurait-il pour mérite et pour résultat que de mettre la raison sur la piste... que ce serait énorme !* »

Qu'on veuille bien me croire, ce n'est point par pure imagination que je suis arrivé à me formuler à moi-même en termes clairs et fermes non pas l'*hypothèse* du rabbin, mais la *solution* du rabbin, seule capable, à mon sens, d'expliquer la composition du *Corab*. De quoi s'agit-il ? Prenons le véritable problème en mains solides. Il fut un temps où apparut un Coran en langue arabe. Nous sommes bien d'accord. Ce Coran arabe a été composé au début de la seconde période mecquoise. Là encore, c'est un fait acquis et nous sommes encore d'accord. Ce Coran arabe n'existe plus ; personne ne l'a retrouvé, mais nous pouvons fort bien déterminer son contenu, du moins dans ses lignes générales, par deux méthodes différentes :

1. — *À priori*, nous pouvons affirmer avec certitude que le *Corab*, n'ayant pour but que de faire connaître aux Arabes l'*Ancien Testament*,

devait par conséquent ressembler à ce Livre sacré. Le *Corab* n'est, comme nous l'avons dit si souvent, que le verso en arabe du recto hébreu du Coran de Moïse.

2. — Par ailleurs, *nous avons prouvé* en analysant les *Actes de l'Islam*, que le rabbin y avait inséré de larges extraits du *Corab* et ces extraits se rapportent tous à l'*Ancien Testament*. Nous y trouvons, en effet, toute l'histoire d'Adam, de Loth, de Joseph, d'Abraham et de Moïse, de Jonas, de Job, de David, de Salomon. Affirmer sans sourciller, comme le font certains coranisants, qu'on trouve dans les *Actes de l'Islam*, UNE citation de l'*Ancien Testament* OU QUELQUES RÉMINISCENCES BIBLIQUES, c'est tout simplement SE MOQUER DU MONDE. Ce ne sont pas seulement les histoires de l'*Ancien Testament* que nous retrouvons dans le Pseudo-Coran. Il y a plus. *Actes* et *Ancien Testament* nous offrent le même enseignement religieux, sauf certaines modifications d'ordre purement apologétique inventées par le rabbin pour attirer les Arabes au judaïsme. Les *Actes*, écho du Coran hébreu, baignent entièrement dans l'histoire et la philosophie religieuse juive. C'est un fait évident, contre lequel nous ne pouvons rien. Comment expliquer ce fait ? Selon nous, cette ressemblance entre le *Corab* et les *Actes* et l'*Ancien Testament* ne peut s'expliquer raisonnablement que par la personnalité juive de l'auteur du *Corab* et des *Actes*. C'est le même auteur, un Juif, un Juif instruit, un rabbin, qui a composé la prière commune des musulmanisés arabes qu'on lit comme première sourate des *Actes*, qui a composé les *Actes* reproduisant avec les principaux épisodes de l'*Ancien Testament* l'histoire des événements religieux de La Mecque et de Médine au début du VIIe siècle ; auteur enfin du *Corab* aujourd'hui disparu, destiné dans la pensée du rabbin à faire connaître aux Arabes l'histoire sainte des Juifs. Sur cette identité d'auteur et sur la personnalité juive de cet auteur, mes lecteurs et moi-même sommes en parfait accord. Quant à ceux qui ne le seraient pas, qu'ils apportent leurs raisons : « *Qu'on entre en lice ; mais qu'on prenne garde aux raisons qu'on y apportera* », comme le disait naguère Fabre d'Olivet, dans un texte que nous avons cité en exergue dans nos deux volumes.

Il y a aussi dans les *Actes* des textes qui certainement rappellent des faits du christianisme et qui font allusion à la doctrine de la Trinité. Mais ce rappel chrétien n'est pas une adoption, si lointaine soit-elle, du christianisme ; c'en est la répulsion : Jean-Baptiste n'a plus rien d'un précurseur ; Marie appartient au cycle mosaïque, et il n'existe pas de christologie coranique. Les *Actes* nous offrent une adhésion totale au judaïsme et une réfutation du christianisme à partir des principes mosaïques. Je pense que nous sommes toujours bien d'accord.

Nous voici dépouillés de toutes considérations secondaires devant un problème unique et concret : quel peut être l'auteur du *Corab*, aujourd'hui disparu et que remplace dans une certaine mesure le livre des composé par le même auteur que le *Corab* ? A la réflexion, deux solutions sont plausibles. On peut d'abord supposer que le *Corab* aurait été composé par Allah. La question de savoir si Allah jouissait ou non d'un culte chez les Arabes préislamiques n'a absolument rien à faire avec notre problème, qui est très précis : Allah — nous ignorons son identité et sa personnalité — peut-il être l'auteur du *Corab* ? Tel est le problème précis que nous avons à résoudre. Acceptons à priori une réponse positive : c'est donc Allah qui est l'auteur du Coran. Mohammed n'y est donc pour rien, et pour bien affirmer qu'il n'a aucune part dans cette composition, les musulmanisés insistent sur sa complète ignorance. Plus Mohammed est ignare, plus grande est la part d'Allah et plus divin est le *Corab*. Telle est bien la position des musulmanisés. C'est ce que nous avons appelé l'inspiration-tuyau. Dans cette conception, l'inspiré n'est pas collaborateur de l'inspirateur. Il en est le récepteur inerte. Pareille conception est en elle-même, absolument anti-humaine, inconcevable. Au lieu de prendre Mohammed, Allah aurait pu tout aussi bien prendre un tambour ou une plaque résonante. Mais les musulmanisés qui ignorent tout de la philosophie n'ont jamais vu si loin.

Mohammed une fois écarté, d'après eux, nous restons en présence d'un Coran arabe et d'Allah A ce stade, tout n'est pas fini ; plusieurs problèmes restent à résoudre :

1. — Pourquoi Allah s'est-il servi pour parler à Mohammed d'une langue arabe truffée d'hébraïsmes et d'araméismes, au risque de ne pas se faire comprendre du pauvre Mohammed, déclaré à priori tellement ignorant ?

2. — Pourquoi Allah a-t-il insufflé dans le tuyau Mohammed une telle quantité d'histoires juives ?

3. — Pourquoi Allah n'a-t-il insufflé que des histoires juives et pourquoi s'est-il montré tellement anti-chrétien ?

4. — Pourquoi Allah en insufflant toutes ces histoires juives extraites de l'*Ancien Testament*, les a-t-il commentées par la littérature juive extra-biblique ?

Naturellement, il n'y a pas de réponses à toutes ces questions et l'hypothèse de la conception du Coran arabe par Allah s'écroule sous le ridicule. Allah n'est pas l'inspirateur du Coran arabe et Mohammed n'a absolument rien d'un inspiré. Il est inutile de nous arrêter davantage à ces sornettes qui ont fait long feu.

Et cependant il a existé un Coran arabe. Il est aujourd'hui perdu ; mais il a tout de même existé et il nous faut expliquer cette existence. Nous possédons un autre livre, que les ignorants appellent Coran, c'est-à-dire livre à lire, à méditer, à faire passer dans la vie quotidienne, livre de lecture et de direction ; cet autre livre n'est pas le *Corab* ce sont les *Actes de l'Islam*. Ce livre existe bien, ainsi que la Prière que les savants appellent *Fatiha*, qui est simplement la prière recopiée au début des *Actes*. Il nous faut également expliquer sa composition. Si la solution d'un Allah insuffleur et compositeur s'écroule dans le ridicule, essayons en toute honnêteté, contre les musulmanisés et avec les coranisants « développés », la solution-Mohammed. Mettons-nous bien en face du fait à expliquer : il s'agit toujours de rechercher l'auteur d'un Coran arabe, composé et achevé au début de la seconde période mecquoise. Mgr A. Vincent, dans son compte rendu paru dans l'*Ami du Clergé* du 16 mai 1957, p. 317, n°. 2, évoque une théorie qui a cours dans tous les manuels :

> « *Rappelons que les documents possédés par Hafça ne pouvaient être que des tessons, des omoplates de chameaux, quelques fragments de cuir.* »

C'est faire de Mohammed un marchand de peaux de lapins, un véritable brocanteur ; et nous n'avons pas besoin de ce ravalement du mari de Khadidja pour expliquer la parution du Corab. Les tessons, les peaux de chameaux, les fragments de cuir étaient nécessaires quand on croyait naïvement que Mohammed, après avoir reçu ses révélations d'Allah, se hâtait de rentrer chez lui pour dicter au galop à une armée de secrétaires ce qu'Allah lui avait conté à l'oreille. Les secrétaires aux abois s'emparaient des premiers objets qui leur tombaient sous la main. Entre nous, Madame Mohammed ne semble pas avoir eu beaucoup d'ordre ! Sa maison était remplie d'un tas de choses qu'une femme soigneuse et propre ne conserve pas chez elle, qu'elle s'empresse bien plutôt de jeter dans les *« poubelles »*. Mais ne soyons pas trop exigeants quand nous sommes en pays arabe !

Rejetons par conséquent toutes ces peaux, ces bouts de cuir, cette vaisselle cassée, ces omoplates, dans les « *seaux à charbon* », et représentons-nous — comme je vous l'ai démontré avec les textes — un homme rédigeant ses livres, les écrivant sur du papier avec de l'encre. Voilà ce qui est normal. Les omoplates et tout le bric à brac vraiment indigne d'un grand prophète entouré de plusieurs secrétaires supposés nécessaires, nous venons de le dire, quand on croyait que Mohammed dégurgitait rapidement ses révélations, que ses disciples prenaient en sténo. Tout cela ne tient pas debout et ne résiste pas à une minute de bon sens et de jugement. Ne rendons pas plus ridicule qu'elle ne l'est déjà la cause de Mohammed !

Nous avons à expliquer la composition de deux livres rédigés selon les règles normales : un Coran arabe, achevé au début de la seconde période mecquoise et un autre livre, les *Actes de l'Islam*, rédigé par le même auteur que le *Corab* et qui comprend dans une première période : l'histoire religieuse de La Mecque, s'achevant par la fuite de Mohammed et de ses disciples, concrètement leur expulsion de la Ka'ba, et une seconde période : la période médinoise, s'achevant par la reconquête et la réoccupation de la Ka'ba par les troupes des musulmanisés.

La composition de ces deux ouvrages par Allah s'avérant vraiment impossible, raisonnons sur la solution-Mohammed. Du coup, Mohammed n'est plus un ignare, mais un grand savant.

Admettons cela. Même grand savant, comment Mohammed a-t-il pu transposer en arabe toutes les histoires écrites en hébreu ? On pourrait expliquer à la rigueur la transposition hébraïco-arabe d'une seule histoire, ou de quelques-unes, mais comment concevoir la transposition d'une telle masse de récits juifs ? Comment, en outre, expliquer cet afflux de termes araméens dans ces récits arabes ? Comment expliquer chez Mohammed, qui n'a tout de même pas eu le temps ni la possibilité de fréquenter de grandes universités, une connaissance si variée et si approfondie de la littérature juive extra-biblique ? Comment expliquer sa sélection farouchement anti-chrétienne ? Pour moi, ce n'est pas la solution-Mohammed qui peut nous fournir une réponse raisonnable à tous ces problèmes vitaux. Il nous faut chercher une autre solution. Dans mon esprit cette solution est lumineuse : j'ai devant moi un livre dont le contenu — matière et esprit judaïque saute aux yeux. La composition directe par Allah ou par Mohammed s'avère décidément impossible. Toutes les explications qu'on a voulu donner soit par Allah, soit par Mohammed, sont invraisemblables et, avouons-le, franchement et absolument ridicules ; et cependant il existe une solution toute simple de ce problème : puisque le livre arabe en question est tout imprégné de judaïsme, on peut penser à une composition de ce livre par un Juif. Et ce que je dis des *Actes*, je le dis à plus forte raison du Coran arabe ou *Corab*, simple adaptation en arabe du Coran hébreu. C'est normal ; cette solution non seulement ne violente pas les textes, mais les explique tout naturellement et sans effort. Elle n'a qu'un défaut : c'est qu'elle ne s'est jamais trouvée dans le champ visuel des coranisants. Mais je m'en console : je n'ai pas à expliquer l'attitude — que je regarde comme insensée — des coranisants ; j'ai à expliquer la composition d'un livre arabe. Et la seule solution qui me paraît rationnelle, critique, et qui réponde à toutes les règles de l'exégèse, c'est d'attribuer cette composition à un Juif. Que les coranisants nous donnent, s'ils le peuvent, une autre explication, aussi claire, aussi sensée. Si de ce Juif, j'ai fait un rabbin, on en devine facilement la raison. Ce Juif, en effet, connaissait parfaitement l'*Ancien Testament* ; il connaissait le *Talmud*, les *Midraschim* ; c'était sans aucun doute, un Juif non seulement très zélé, un fervent du Sinaï, mais aussi un grand lettré.

Je l'ai appelé rabbin.

Que les coranisants officiels lui donnent un autre nom, peu m'importe pourvu qu'ils lui conservent ses qualités nationales, morales et intellectuelles. Ces coranisants n'avaient jamais entendu parler de ce rabbin. C'est dommage ; cela prouve tout simplement que jusqu'ici, ils avaient lu sans « attention intellectuelle », c'est-à-dire sans profonde réflexion les *Actes de l'Islam*. S'ils avaient lu ce livre avec attention, ils auraient constaté à chaque page, en effet, la présence effective d'un Juif, d'un Juif fort instruit. Je n'en connais pas le nom ; je n'en possède pas la photographie ; mais je suis sûr de son existence et de son rôle. Tout cela relève, sans doute, de la critique interne ; mais la critique interne — basée sur l'examen des textes et des faits toute interne qu'elle soit, n'en est pas moins un des instruments licite et précieux qui permet à l'historien d'arriver à des conclusions certaines. G. de Nantes cite avec pertinence une des conclusions aujourd'hui généralement admises et qui présente une parfaite analogie avec l'existence du rabbin de La Mecque auteur du *Corab* et des *Actes*. Il s'agit d'un *Deutéro-Isaïe*, auteur des chapitres 40 à 55 du livre actuel d'*Isaïe*. Personne n'a jamais entendu parler de cet inconnu, et nul autre écrit de la *Bible*, si documentée pourtant, n'en a conservé la trace. Il n'empêche que la reconnaissance unanime de l'existence de ce très grand prophète est devenue le pivot de notre interprétation scientifique de l'*Ancien Testament* et personne ne songerait plus à le mettre en question. Il suffit d'étudier l'insertion de ce livre dans son contexte, son genre littéraire, sa langue particulière, son contenu dogmatique, ses allusions historiques, pour le situer très précisément à Babylone dans les années 538-535, sans l'aide ni la confirmation d'aucun document extérieur. C'est de la critique textuelle banale. Si les preuves externes viennent un jour, ce sera d'un grand intérêt, mais tout le monde s'en passe fort bien. Ce qui vaut pour le *Deutéro-Isaïe* vaut aussi bien pour le Coran (98).

Que la composition du *Corab* et des *Actes* par un Juif, un rabbin, constitue en matière islamique une véritable révolution, nous en avons pleine conscience ; c'est véritablement la ruine de toute l'ancienne islamologie. C'est même beaucoup plus : la ruine de tout l'Islam. Nous n'avons plus besoin d'un Allah inspirateur ; Mohammed n'a rien d'un inspiré ; il descend au rang de clairon du judaïsme ; et seules demeurent dans le bassin méditerranéen, en pleine clarté, les religions juive et chrétienne. Le bluff arabe est piqué au vif : tôt ou tard, il se dégonflera.

L'existence du rabbin de La Mecque cesse d'être une hypothèse. C'est vrai, on ne le voit pas. C'est vrai, on ne sait pas son nom. C'est vrai, personne n'en a jamais parlé, ni même soupçonné sa présence. Mais chaque page des *Actes de l'Islam* clame sa présence. C'est lui qui cite,

---

98 — G. de NANTES, *Ordre français*, n° 23, juin-juillet 1958, p. 46-47.

re-cite, et cite encore l'*Ancien Testament*. C'est lui qui recommande à Mohammed de faire ceci ou cela ; de faire telle ou telle réponse aux idolâtres. Bien qu'on ne voie pas ce rabbin, aucun texte des *Actes* ne s'explique sans sa présence.

CHAPITRE IX

LE PROBLÈME DU RAPPROCHEMENT CHRISTIANO-MUSULMAN

1. – ÉVOLUTION DE CE PROBLÈME

Le désir d'un rapprochement christiano-musulman n'est pas uniforme dans la communauté chrétienne.

Ce problème est essentiellement un problème religieux, extra-politique. Nos politiciens n'ont rien à y voir. M. Pierre Limagne qui a l'art consommé de brouiller tous les problèmes pour n'en résoudre aucun, raconte, dans La Croix *du 12 septembre 1958 une chose extraordinaire, en écrivant que le général de Gaulle avait l'intention « de replacer les relations entre chrétiens et musulmans sur un plan de fraternité, d'où le F.L.N. a fini de les faire sortir, nous entraînant vers ses pièges au fur et à mesure qu'il poussait trop certains des nôtres à appliquer quelques-uns de ses procédés. » (!) Il y aurait beaucoup à dire sur un texte aussi déséquilibré. Le problème des relations entre chrétiens et musulmans est un problème de doctrine, problème insoluble tant que les musulmanisés n'auront pas reconnu que leur religion, identique au judaïsme, n'a aucune identité propre. La fin du texte de M. Limagne vise sans doute les cruautés exercées par les chrétiens sur les pauvres musulmanisés ! Je ne me laisse pas facilement convaincre par ces imbroglio politico-religieux, créés par des nationalistes ténébreux.*

Dans cette communauté, il nous faut tout d'abord distinguer trois groupes principaux : les protestants, les orthodoxes et les catholiques romains. Nous trouvons dans chacun de ces groupes une attitude totalement différente vis-à-vis des musulmanisés.

Les protestants — il s'agit surtout des protestants anglais et américains — ne témoignent, dans leurs écrits ou leurs actions missionnaires, d'aucun zèle véritable pour une recherche d'union avec les musulmanisés. Certains historiens protestants anglo-saxons et nordiques éprouvent bien, parfois, une vague sympathie pour les problèmes islamiques, mais cette sympathie reste cantonnée à proprement parler dans le domaine littéraire et spéculatif. Elle ne détermine pas une véritable action apostolique.

Chez les chrétiens orthodoxes, la désaffection pour l'Islam arabe est totale. Les orthodoxes dans le Proche-Orient ou en Égypte, vivant en contact permanent avec les musulmanisés, n'auront jamais la pensée de faire la moindre mixture de leur christianisme avec la religion de ces musulmanisés. Si on ne veut pas éveiller les soupçons malveillants des coptes égyptiens, qu'on évite soigneusement de leur parler d'un rapprochement quelconque avec l'Islam arabe. Chez les coptes, soit orthodoxes, soit catholiques, pareil problème est impensable.

Ce sont les catholiques qui ont imaginé ce problème, et plus spécialement les catholiques français.

> *Tous ceux qui ont vécu en terre d'Islam — qu'ils soient protestants, orthodoxes ou catholiques romains, — tous ceux qui ne vivent pas dans un rêve, mais dans la vie réelle et concrète ; tous ceux dont l'intelligence ne se contente pas d'éther et de vapeur, mais de notions saines, solides et réalistes, ne peuvent imaginer un seul instant un rapprochement quelconque avec l'Islam arabe. Il y a une technique d'éducation à laquelle doivent se soumettre les musulmanisés avant d'être capables d'aborder les problèmes intellectuels et religieux : ils doivent avant tout apprendre les notions les plus élémentaires d'hygiène, de comportement, et d'éducation.*

C'est d'ailleurs un problème tout récent. Le Moyen-Âge ne l'a pas connu. Dans un monde unifié par sa foi, concrètement dans la chrétienté médiévale, on ne trouvera jamais la moindre tentative de rapprochement doctrinal avec l'Islam. Ce serait un sacrilège. Les mahométans sont, à cette époque, les pires ennemis qu'il faut combattre, les ennemis du Christ, par conséquent les ennemis des plus profondes structures, des assises politiques et sociales de l'époque. Les Croisades inaugurées par Urbain II au concile de Clermont de 1095 sont radicalement animées par un idéal spécifiquement chrétien et non point national. C'est la chrétienté toute entière que les papes convient à ces grandioses entreprises. Pour la chrétienté, c'était à la fois une honte et une désolation de voir le saint Sépulcre et toutes les terres sanctifiées par le Christ occupés par des musulmanisés, que l'Occident se représentait alors comme des barbares fanatiques. C'est encore dans le même esprit que, sous la lumineuse et tenace impulsion de saint Pie V, se forme au XVIe siècle la Ligue Chrétienne dirigée contre les Turcs, remplaçant alors les Arabes dans les destinées de l'Islam. La bataille de Lépante (1571) représente la dernière grande victoire de la chrétienté contre l'Islam arabe.

Le Moyen-Âge et la Renaissance n'ont connu à différentes époques que deux sortes de contacts entre chrétiens et musulmans, contacts purement diplomatiques, dont le premier en date met en présence les deux plus grands personnages du haut Moyen-Âge : Charlemagne et Haroun al-Rachid. La première ambassade carolingienne est de 797. Si Charlemagne se tournait vers les Abassides — musulmanisés et profondément adversaires et contempteurs des Arabes qui n'avaient jamais rien compris à la culture intellectuelle, littéraire, ou artistique —, c'était surtout pour se détourner de Byzance et manifester son courroux et son mépris de l'empire grec qui n'avait pas voulu répondre à ses appels.

On connût, au cours des âges, beaucoup d'autres ambassades occidentales auprès des chefs musulmanisés. Elles avaient généralement pour but l'établissement de statuts commerciaux rendus périodiquement précaires et caducs par les actes de piraterie qui faisaient de la Méditerranée une véritable séparation entre la chrétienté du Nord et l'Islam du Sud.

Le contact le plus sérieux entre la chrétienté et l'Islam est représenté sans contredit par tout le courant de traduction de l'arabe en latin que nous constatons au XIIe siècle à Tolède et dont l'initiateur fut l'évêque Raymond. Les principaux documents de la philosophie grecque adaptée en langue arabe par les néo-musulmanisés de Bagdad, documents commentés par les Berbères du Maghreb et de l'Andalousie, furent sauvés du vandalisme arabe par toute une série de traducteurs s'échelonnant sur trois quarts de siècle et qui redonnèrent à la pensée chrétienne ce que les anciens chrétiens du Proche-Orient avaient prêté à la langue arabe.

Mais si les Juifs et les chrétiens s'unissent dans leurs efforts de compréhension de la philosophie arabophone, ce n'est certainement pas pour amorcer un rapprochement entre le dogme chrétien et la religion attribuée, en ce temps-là, à Mohammed. Pendant qu'à Tolède les traducteurs s'unissent pour traduire en latin les ouvrages de langue arabe, l'Espagne est toute tendue pour chasser de son territoire les almohades et les almoravides, berbères du Maghreb convertis accidentellement à l'Islam arabe. Quand Pierre le Vénérable († 1156) traduit, ou plus exactement fait traduire, le Coran en latin en 1139, il accompagne cette traduction d'un livre de Réfutation.

Contact diplomatique et politique inauguré par Charlemagne, contact littéraire accéléré par Raymond, évêque de Tolède, n'engagent en quoi que ce soit un ralliement quelconque de la chrétienté à la religion musulmane. Ce n'est plus de mon âge d'entreprendre des travaux de grande haleine, mais nous ne saurions qu'encourager un jeune érudit qui consacrerait quelques années à étudier les rapports entre l'Église et l'Islam au Moyen-Âge.

En bref, tant que le monde européen resta uni dans une même foi au Christ, dans une même obéissance à l'Église romaine, l'Islam arabe fut considéré comme la plus dangereuse des hérésies, et personne ne se serait jamais permis de penser à un rapprochement quelconque entre la Vérité et l'Hérésie. Ce pont imaginaire est de fabrication toute récente. On n'en parlait pas il y a un siècle. Les catholiques français ne sont peut-être pas les inventeurs de cette doctrine, mais il en sont à coup sûr les principaux usagers depuis la descente du général de Bourmont à Sidi-Ferruch, le 13 juin 1830, et l'entrée des Français à Alger le 5 juillet de la même année. À partir de cette époque, on a habitué les Français à croire qu'ils devaient être les protecteurs de l'Islam !

Cette conception, tellement absurde, ne pouvait être ingurgitée sans préparation. Après coup, nous pouvons distinguer dans cette préparation plusieurs échelons. En période de conquête qui dura pour l'Algérie un demi-siècle, qui ne s'acheva jamais pour le Maroc par suite du manque de clairvoyance des politiciens de la Métropole, dont les intrigues se prolongèrent malheureusement dans les grands centres administratifs de l'Algérie française, les militaires firent un excellent travail qui aurait pu constituer un prélude solide et sérieux à une véritable union franco-africaine. On s'efforce toujours, en effet, à donner aux conquêtes militaires une conclusion pacifique, de sage administration, de compréhension réciproque. Cette compréhension, cependant, ne trouva jamais sa pleine réalisation à cause de la phobie — de nos politiciens — d'une trop grande entente entre éléments chrétiens et musulmans. L'*aman*, c'est-à-dire la soumission des populations fraternellement acceptée, constituait pour toutes nos entreprises guerrières la conclusion logique et généreuse. De cette première période d'occupation date aussi un élan extraordinaire vers tout ce qui concernait l'Islam arabe, la religion et le droit musulman. Les études publiées depuis l'occupation de 1830 jusqu'à la fin du XIXe forment comme une encyclopédie remarquable dont la plupart des articles furent rédigés par des militaires spécialisés qui, très tôt (déjà en 1832) formèrent le corps des Affaires indigènes, les A. I., qui surpasse de très loin les administrateurs civils, nommés souvent par esprit de clan, et dont la compétence était parfois fort discutable, ayant toujours tendance à remplacer une saine administration par la politique du moment.

Les A. I. avaient contribué d'une façon essentielle à faire connaître aux Français les musulmanisés d'Afrique. C'est par leur action que la France et même l'Europe s'acclimatèrent aux choses de l'Islam.

Une ère nouvelle s'ouvrait également pour les peintres, les romanciers, les touristes. Ce fut l'engouement pour des formes neuves et artistiques. On voyait tout en beau : paysages et costumes. On rêva des contes des *Mille et une Nuits* ; les femmes voilés devenaient, pour les imaginations déchaînées, des statues antiques et pudiques ! Les arabesques lassantes devinrent à la mode. Les sables eurent leur langage, les palmiers furent considérés comme des appels du règne végétal vers le Très-Haut ; les musulmanisés n'apparaissent plus que prosternés dans une prière silencieuse. On admirait leur foi ; on n'avait pas encore compris que cette foi recouvrait un vide total de morale. Les catholiques témoins de toutes ces beautés imaginatives, sentirent naître en eux un nouvel élan apostolique. Jusqu'ici, l'activité des missionnaires s'était tournée exclusivement vers les païens dont l'âme presque vierge s'ouvrait facilement aux appels du Christ-Sauveur. Pourquoi n'en serait-il pas de même pour les musulmanisés ? La tâche paraissait d'autant plus facile que les musulmanisés croyaient à un Dieu Unique, qu'ils avaient, disait-on, de l'admiration pour la Vierge Marie, et qu'ils vénéraient Jésus non pas certes comme Dieu, mais tout de même comme un très grand prophète. Non seulement l'apostolat missionnaire des catholiques se trouvait ainsi préparé, mais on se croyait à moitié chemin de la conversion des musulmanisés. C'est dans cette atmosphère que sonna l'heure du cardinal Lavigerie. Archevêque d'Alger en 1867, Mgr Lavigerie se préoccupa de créer des orphelinats indigènes, de fonder des villages indigènes dont il reste deux témoins : Saint-Cyprien et Sainte-Monique au diocèse d'Alger ; en 1874, il jeta les premières bases d'un Institut, celui des Pères Blancs, dont le but essentiel et spécifique était de travailler à la conversion des musulmanisés africains. Les premiers Pères foncèrent de toute leur âme dans ce nouveau champ apostolique, comme en témoigne encore l'école des filles de Ghardaïa. Bientôt, ce fut la grande désillusion. Les obstacles surgirent de deux côtés à la fois : les musulmanisés se révélèrent comme ennemis irréductibles du christianisme et boycottèrent impitoyablement les indigènes déjà convertis ou mariés à des catholiques. Par ailleurs, les politiciens anticléricaux et francs-maçons voyaient d'un très mauvais œil ces esquisses de conversion à la religion chrétienne. C'est alors qu'ils intensifièrent, au grand étonnement des musulmanisés eux-mêmes, leur politique de sympathie islamique, pensant, par cette manœuvre, faire brèche à l'apostolat de la hiérarchie et des missionnaires catholiques ; le mot d'ordre fut à la plus grande bienveillance. Même en période difficile, nos cadres administratifs donnèrent aux musulmanisés toute facilité pour fêter les nuits du ramadan ; nos gouverneurs organisèrent des pèlerinages à La Mecque, où les plus acharnés parmi les disciples de Mohammed allaient chercher leurs consignes et leurs mots d'ordre contre les occidentaux infidèles. En poussant l'islamisation de l'Afrique du Nord, nos politiciens à courte-vue, — dont l'horizon ne dépassait jamais celui d'un parti sans jamais atteindre à l'idéal de la communauté française —, intensifiaient en même temps l'*arabisation* du pays. Les mêmes hommes, le même parti responsable de notre défaite de 1940, portent aujourd'hui la responsabilité de nos épreuves africaines. En travaillant contre l'Église, tous ces hommes travaillaient sottement contre la France. Ils ont tort aujourd'hui de se plaindre.

Pour lutter contre le mouvement missionnaire, nos « grands administrateurs » politiciens inventèrent une nouvelle formule qui, prononcée par eux, devenait complètement ridicule : *le respect de l'Islam*. N'imaginons surtout pas que cette formule exprimait la moindre idée religieuse. Raisonnons d'une façon concrète : plaçons-nous dans le réel. Comment pourrait-on concevoir que des hommes connus en France pour leur athéisme, leur désaffection de toute foi, se mettent subitement, arrivés en Algérie, à favoriser la religion musulmane, dont ils se... moquaient complètement au fond d'eux-mêmes. En proclamant dans toutes les cérémonies officielles africaines leur respect de l'Islam (!!!), ces politiciens étaient conséquents à leurs principes métropolitains : ils restaient dans la ligne authentique de l'anticléricalisme.

Si ces politiciens savaient ce que les musulmanisés pensent de leur fameux « respect de l'Islam », jamais, jamais plus, ils n'oseraient encore prononcer ces formules désuètes et ridicules. Avant l'écroulement du système, ces politiciens avaient perdu toute créance auprès de ces musulmanisés. L'un de ces musulmanisés m'expliqua un jour qu'il avait parfaitement compris la formule « Respect de l'Islam », invoquée à chaque instant par les dirigeants et gouverneurs français. Ces gens, me dit-il, ne connaissent pas l'Islam. Ils ne peuvent donc pas le respecter. Ils n'ont pas la foi : ils ne peuvent donc pas comprendre les croyants. Et mon musulmanisé d'ajouter avec des yeux presque mauvais : « Veux-tu que je te dise ce que signifie « Respect de l'Islam ? » C'est un mensonge. Et il est dirigé contre les chrétiens. Ils ne les aiment pas. C'est pour leur faire du mal qu'ils flattent l'Islam qu'ils ne comprennent pas et qu'ils n'aiment pas non plus. Ces fonctionnaires nous trompent. »

Le 1ᵉʳ octobre 1956, le Figaro publiait une note adressée par un commandant de navire de guerre à son équipage ; nous y lisons cette remarque d'une grande justesse : « Tant que la France a fait figure de conquérant, il n'y a pas eu de problème. Malheureusement, au temps où sa force était admise sans discussion, non seulement elle a voulu respecter l'Islam, ce qui était faire preuve de tolérance et de sagesse, mais elle a pris volontairement les meilleures mesures pour unifier la religion coranique et l'étendre à des populations qui ne s'en souciaient guère jusqu'alors. (Et ceci) par crainte de paraître intolérant, par erreur ou jugement à longue échéance, par réaction d'indifférence, parfois d'hostilité contre la fraction chrétienne qui aurait cherché à faire du prosélytisme. » J'ai du respect pour les hommes, pour les algériens en particulier, mais je ne vois pas pour quelles raisons je m'abstiendrais de lutter contre l'Islam arabe.

Cette politique consciente, voulue et persévérante fut d'une très grande maladresse et même catastrophique ; et en fin de compte, elle aboutit à des résultats absolument contraires à ceux qu'escomptaient ces politiciens. Grâce à ces derniers, en effet, l'Islam arabe prit de plus en plus conscience de sa force. Les musulmanisés se crurent forts en voyant la faiblesse des chefs français à leur égard. De plus, devant cette politique toute verbale et le manque quasi-total de réformes administratives et surtout d'améliorations sociales, les musulmanisés commencèrent à s'énerver, prirent conscience de l'indifférence des fonctionnaires français vis-à-vis de leurs *desiderata*, et se rejetèrent vers les croyants. En Afrique du Nord, les croyants étaient représentés par les gens d'Église, la hiérarchie catholique, les Pères et les Sœurs. A qui voulait l'entendre, les musulmanisés proclamaient sans cesse ouvertement que seuls les catholiques étaient leurs véritables amis ; que seuls les catholiques comprenaient véritablement leur attitude. Les expressions « *frère musulman* » et « *respect de l'Islam* » vides de sens dans la bouche des incroyants et des athées, prenaient une signification réelle, dès qu'ils étaient prononcés par des catholiques. Cette sympathie vivante et sincère devait être à l'origine de nouveaux malentendus.

Déçus par l'impossibilité pratique des conversions directes, stoppés et parfois sournoisement brimés dans leur apostolat, s'appuyant d'autre part sur les passages du « Coran » qu'ils croyaient favorables au christianisme, et sur les relations amicales qu'ils entretenaient avec les musulmanisés, les catholiques commencèrent un nouveau rêve : préparer sur de nouvelles bases l'attirance des musulmanisés vers le catholicisme. Ils n'envisagent plus cette fois de conversions dans l'immédiat. Sans perdre de vue l'objectif final, ils jugèrent qu'ils entraient dans une période de préparation lointaine. Les Pères blancs perdirent en grande partie leur élan missionnaire pour se dévouer essentiellement à leurs paroissiens européens. De missionnaires, ils devinrent curés de paroisse.

Sans cesser de fréquenter leurs amis musulmanisés, ils jugèrent que le moment n'était pas encore venu d'aborder franchement les questions religieuses, rejoignant ainsi par les profondeurs la politique des gouverneurs civils. Les musulmanisés se prêtèrent à ce jeu, en offrant amicalement les trois tasses traditionnelles de thé à la menthe. Quant à la grande partie du clergé paroissial, elle perdait peu à peu tout contact avec les musulmanisés et se désintéressait complètement des problèmes qui se posaient au sujet de l'Islam.

Pendant que les missionnaires remisaient dans leurs tiroirs les perspectives de conversions immédiates, des hommes mus, les uns par leur zèle apostolique, les autres par un nationalisme plus ou moins conscient, parlaient déjà de rapprochement christiano-musulman. Catholiques français, historiens et exégètes d'esprit essentiellement laïque, quelquefois même anticléricaux, se rejoignaient dans une commune aspiration, incontrôlée et vaine : ce fameux rapprochement dont nous allons parler maintenant (99).

2. — POSITION ACTUELLE DE CE PROBLÈME

Cette politique est à peu près exclusivement suivie, aujourd'hui, par quelques catholiques français ou communautés françaises, aiguillonnés à la fois par leur véritable zèle apostolique et par un nationalisme de marque strictement française. Les résultats et les témoignages de cette politique s'étalent naturellement dans les conversations. Il est de bon ton, dans certains milieux, de se montrer favorable à l'Islam arabe. C'est, dit-on, une preuve de compréhension, d'intelligence et de clairvoyance ; comme il est également de bon ton dans certains autres milieux ecclésiastiques de prendre des attitudes ou d'émettre des opinions frôlant sans les contredire les idées subversives du marxisme léniniste.

Naturellement, les musulmanisés ne répondent jamais à ces catholiques naïfs et aventureux. De grâce, ne prenons pas pour réponse une invitation à déjeuner ou le goûter en commun. Ces contacts demeurent dans la ligne la plus stricte de politesse et de courtoisie, mais ne font avancer en rien le problème des contacts doctrinaux. Mgr dell'Aqua, substitut de

---

99 — Le problème de rapprochement christiano-musulman est un faux problème, puisque l'Islam arabe n'a pas d'identité. Il ne se définit que par le judaïsme.

la secrétairerie d'État, dans une lettre adressée au mois d'août 1952 à S. Exc. Mgr Duval, a remarqué d'une façon à la fois ferme et subtile les limites de la droite pensée des catholiques dans le douloureux problème algérien.

« *Tant de fois, le Saint-Père a parlé en faveur de la paix ! Plus d'une fois aussi, notamment en son dernier message de Noël, il a fait connaître sa pensée sur les graves problèmes que posent en différents lieux les relations entre peuples européens et non européens, tous chers à son cœur paternel* (100) *!* » *En tout cela, il s'agit de problèmes franco-algériens et non point directement ni spécifiquement de rapprochement entre Chrétienté et Islam arabe.*

Il est bien difficile d'empêcher des aventuriers de marcher sur la corde raide ! Si par hasard, on a le malheur d'émettre quelques réticences vis-à-vis de l'Islam arabe, on est vite rappelé à l'ordre par ces apôtres désaxés. On assiste à cette extravagance véritablement déconcertante ; certains prêtres et religieux catholiques se faisant les défenseurs de l'Islam ! C'est proprement ahurissant... et le fait est fréquent sur les demi-hauteurs. Avant d'exposer ces drôleries en une brochure spéciale, essayons de rechercher comment ces hommes en sont arrivés à des idées aussi saugrenues, tellement saugrenues que pendant douze siècles on n'en trouve aucune trace dans l'histoire religieuse ! Ces hommes ont lu quelques passages du « Coran », sans d'ailleurs en approfondir le texte. Ils ont été frappés des bonnes paroles qu'ils y ont trouvées sur Jean-Baptiste, sur Marie, sur Jésus. Sans doute, il ne professe aucune idée chrétienne, ce bon Mohammed, cet édifiant mari de Khadidja ! Mais il est en si bonne voie que ce serait très mal de le décourager. Encore un petit effort, et on pourra le baptiser !

L'union des deux religions, dit-on encore, n'est tout de même pas du domaine des rêves sans consistance ; on peut, pour la sceller, trouver dans les textes du « Coran » et de la littérature chrétienne des points de concordance qui constitueraient pour ce rapprochement tellement souhaitable des assises solides et définitives. Mohammed n'est tout

---

100 — S. S. Pie XII, en recevant Moulay-Hassan pendant un quart d'heure (voir *La Croix*, 27 juin 1956), n'a certainement pas voulu, par cet acte de simple courtoisie, traiter avec ce jeune homme le grave problème d'un rapprochement doctrinal entre le christianisme et la religion des musulmanisés !

de même pas un anticlérical ! Il n'est pas anti-chrétien ! Il respecte le Christ. S'il ne reconnaît pas sa divinité, il le met en bonne place parmi les prophètes.

Profitons donc de ces excellentes dispositions pour préparer ce terrain d'entente entre chrétiens et musulmans !... Nous retombons une fois de plus dans la « tambouille syncrétique », la nourriture des eunuques intellectuels.

> *Le syncrétisme est moins une doctrine qu'un état d'esprit, une attitude mentale. C'est une attitude de politiciens toujours prêts à tendre la main « pour éviter les histoires ». Concrètement, le syncrétisme est dans le domaine doctrinal la politique des abandons. Remarquons aussi que le syncrétisme est généralement à sens unique. Chez beaucoup de catholiques, le mot d'ordre est de faire le plus de concessions possibles aux musulmanisés, surtout de ne jamais leur causer la moindre peine. Pour moi, le problème christiano-musulman est avant tout un problème de vérité. Les catholiques de notre époque sont généralement noyés dans la politique et dans une érudition dispersante. Il leur faut re-faire leur examen de conscience. L'Islam arabe en tant que religion est une erreur et un ennemi. Nous n'avons aucune raison de le ménager ou de composer avec lui. Si le politicien veut estomper la vérité, c'est son affaire ; mais le chrétien, rempli de charité pour les personnes, ne doit épargner aucune force pour combattre le bluff et l'erreur.*

Chers coranisants de toutes écoles, de toutes religions, de toutes nationalités, avant de commencer votre cuisine, écoutez avec attention les conclusions que je vous ai maintes fois exposées :

1. — Le Coran arabe n'est que l'adaptation en arabe du seul Coran original, écrit en hébreu : le *Coran de Moïse*, ou *Livre des révélations* faites par Yahvé sur le Mont Sinaï, en une nuit célèbre, décrite dans l'Exode.

2. — Cette adaptation en arabe est l'œuvre d'un rabbin, le rabbin de La Mecque.

3. — Ce duplicata du Coran hébreu est aujourd'hui perdu. C'est une conclusion capitale. Espérons qu'on retrouvera un jour le Coran arabe primitif, rédigé par le rabbin.

4. — Ce que nous lisons aujourd'hui sous le titre de « Coran » n'est qu'un livre d'anecdotes, sorte de journal s'étalant sur vingt années d'apostolat juif en Arabie, et rédigé lui aussi par un rabbin, comme il le dit lui-même dans ces *Actes de l'Islam*.

Tout cela, je vous l'ai exposé en me référant sans cesse aux sourates des *Actes*. Je vous ai démontré aussi que Mohammed qui ne s'appelait d'ailleurs pas de ce nom « béni » — n'eut aucune part active dans la rédaction ni du Coran arabe, ni des *Actes de l'Islam*. Par conséquent, vous pouvez maintenant conclure : ce n'est pas Mohammed qui a, dans les *Actes*, écrit les versets, sur Jean-Baptiste, la Vierge Marie et Jésus. Le pauvre homme en aurait été bien incapable. C'est le rabbin de La Mecque qui a traité ces différents problèmes. À coup sûr, il n'a jamais abordé ces questions christologiques dans son *Corab*, dont le seul but était de reproduire les principales révélations mosaïques et de donner en exemple aux Arabes les grands musulmans juifs de l'époque patriarcale et prophétique. C'est uniquement dans les *Actes de l'Islam* que le rabbin rapportera les discussions engagées sur ces thèmes chrétiens à La Mecque.

Poussons encore plus loin nos conclusions : si le rabbin aborda ces problèmes, il ne le fit certainement pas d'une façon spontanée. Ce serait inconcevable. Il le fit, contraint par les événements, c'est-à-dire par une prédication adverse qui opposait aux thèmes juifs les thèmes spécifiquement chrétiens. Le nouveau prédicateur qui parlait de l'annonce du Christ-Jésus par Jean-Baptiste, qui parlait surtout de la divinité de Jésus, ne pouvait être que le chef de la communauté chrétienne de La Mecque. C'est la réponse à cette prédication chrétienne que nous trouvons dans les *Actes de l'Islam*, en particulier dans la sourate XIX. Ce n'est certes pas pour faire l'éloge du christianisme que le rabbin écrivit cette sourate ; bien au contraire, c'est pour renverser tout l'édifice chrétien, afin que règne seule sur l'Arabie l'Arche de l'Alliance. Jean-Baptiste n'est qu'un brave Juif qui appartient uniquement à l'histoire juive et qui n'a jamais eu aucun rôle messianique ; la Vierge Marie est la mère d'un fils, appelé Jésus. Elle aussi, elle surtout, appartient aux Juifs. Elle est vraiment la sœur de Moïse et d'Aaron. Quant à Jésus, il n'est qu'un grand prophète, mais nullement fils de Dieu.

On ne pouvait pas démolir plus fondamentalement les assises du christianisme. Quand les coranisants invoquent la sourate XIX comme pont entre le catholicisme et l'islamisme, ils prennent tout simplement comme marque de sympathie des textes qui sont essentiellement hostiles au christianisme. Ils ne font plus d'exégèse, mais de l'apologétique de mauvais aloi, concordant d'ailleurs avec un nationalisme éphémère, mal compris, et qui ne doit jamais entrer en ligne de compte dès qu'il s'agit de questions religieuses qui transcendent toutes les contingences politiques.

Avant de se prononcer magistralement, comme ils le font toujours, sur un rapprochement possible entre islamisme arabe et catholicisme, que nos érudits et nos apologètes réfléchissent quelque peu sur les conclusions que nous venons d'exposer.

Arrivé à ce stade de mon développement, je voudrais encore faire quelques réflexions :

1. — Je m'adresse d'abord aux catholiques : croyez-vous, oui ou non, que Mohammed soit un prophète ? Analysez bien vos concepts et répondez clairement, sans ambiguïté. S'il est prophète, comment concevez-vous le mode de son inspiration ? Comment se fait-il, s'il est prophète, que ses inspirations se limitent au judaïsme, et aux grands personnages de l'histoire hébraïque et Juive : Adam, Noé, Abraham, Isaac, Loth, Jacob, Joseph, Moïse, Aaron, David, Salomon, Ismaël, Élisée ? Comment se fait-il qu'on ne trouve dans les *Actes de l'Islam* absolument rien d'autre que des données bibliques, midrashiques et talmudiques ? Si Mohammed est prophète, quel est le caractère dogmatique spécial de son message ? Il est très important de le déterminer avec clarté. Comment se fait-il enfin que ce message religieux du « prophète » soit spécifiquement juif et antichrétien ? C'est à ces différentes questions, très importantes comme on le voit, que je voudrais avoir une réponse précise et nette.

2. — A l'usage de ceux qui ne croient pas au « prophétisme » de Mohammed.

Ils devraient, eux aussi, répondre aux principales questions sus-dites. Entendu ! Mohammed n'est pas un prophète inspiré. Il a recueilli lui-même sa documentation. Comme nous le constatons dans les *Actes de l'Islam*, sa documentation est essentiellement juive. Non seulement Mohammed connaît les principales histoires de la *Bible*, mais il connaît encore de nombreux détails exégétiques et historiques du *Talmud*. Comment se fait-il que cet homme ait été porté si violemment vers la littérature juive ? Où l'a-t-il apprise ? On répond encore aujourd'hui couramment que Mohammed se serait instruit dans les gargotes juives ! Réfléchissons un peu : pour connaître des milliers de versets de l'Histoire Saine, Mohammed aurait dû passer la majeure partie de son temps dans ces gargotes et trouver des garçons de café assez nombreux et assez instruits pour lui apprendre toutes les histoires bibliques que nous trouvons dans les *Actes*, histoires interprétées par les *Midraschim* et le *Talmud* ! Nous retombons dans l'irréel, l'invraisemblable, et le parfait ridicule.

On dit encore qu'après avoir recueilli sa documentation et avant de dicter ses propres conclusions à ses secrétaires, Mohammed aurait fait un choix parmi les données recueillies, et opéré un certain dosage entre les renseignements juifs et les renseignements chrétiens. Or, nous sommes, encore là, en pleine imagination. Jamais, ni à La Mecque, comme nous l'avons vu, ni à Médine, comme nous le verrons, les *Actes de l'Islam* ne s'écartent du judaïsme, ni de la religion juive. Par contre, à La Mecque, l'auteur des *Actes* lutte énergiquement contre le christianisme ; et comme nous le verrons plus tard, il sera plus acharné encore pendant la période médinoise. Il est probable, d'ailleurs, que c'est sous la poussée chrétienne, conjointe en cette circonstance à la plus violente opposition des idolâtres, que le rabbin fut contraint de quitter La Mecque avec Mohammed et ses néo-musulmanisés pour se retirer à Médine où l'élément juif dominait.

Pourquoi Mohammed, dans le choix qu'il aurait opéré en sa documentation, aurait-il donné la préférence exclusive au judaïsme ? Pourquoi aurait-il rejeté les données chrétiennes et lutté avec un acharnement constant contre tout ce qu'il aurait jugé lui-même en contradiction avec le monothéisme mosaïque ? Quel aurait été le critère de ce discernement ? J'aimerais avoir une réponse claire à ces différents problèmes.

Quand ces réponses nous arriveront en toute clarté, l'Islam arabe sera près de sa ruine. L'Islam tombera ; il tombera bientôt.

Il tombera avec d'autant plus de facilité qu'il n'a jamais eu d'identité propre. Il ne restera alors dans le bassin méditerranéen que les deux véritables religions : le judaïsme de Moïse, le christianisme de Jésus, religions non point différentes, mais complémentaires. L'Islam tombera vite en poussière. Déjà, il s'émiette. Pour les générations futures, il ne sera plus que néant, après avoir été un mythe.

D'autres perspectives s'ouvrent devant nous. Après avoir été rodés par des guerres et des luttes séculaires, juives et chrétiennes ont appris à mieux se connaître. Les Juifs ne- regardent plus les chrétiens comme les ennemis de Moïse ou d'Abraham. Le christianisme peut leur apparaître encore comme une déviation, parfois comme une rectification, mais jamais plus comme une opposition. Le rapprochement judéo-chrétien peut devenir une réalité, sans qu'il soit besoin de rogner l'une ou l'autre de ces religions, les seules authentiquement révélées.

3. — Conclusion

Pourquoi se creuser indéfiniment la tête pour essayer d'unir deux conceptions de vie totalement différentes et dont l'une l'Islam arabe — est l'adversaire originelle et déclarée de son aînée : le christianisme ? Les chrétiens peuvent espérer un jour voir les Juifs adopter leur foi. Dans son origine historique, le christianisme n'est vraiment que le plein épanouissement du judaïsme. Du point de vue purement humain, on peut dire que Jésus, fils de Marie, a été un grand politicien. Il n'a jamais manifesté le désir de briser avec le passé juif ; son unique manœuvre fut de le vivifier, de lui rendre son âme, de le couronner par sa propre divinité : précision, et non brisure, du monothéisme de Moïse. Il ne pourrait y avoir pour nos frères juifs que profit à concrétiser dans la foi au Christ les solennelles promesses messianiques de leurs Prophètes ; et cette union, qui serait ascension pour le peuple d'Israël, nous la souhaitons de tout notre cœur. Mais tout autre est la position de l'Islam arabe dès son origine. Dans son berceau, il n'a aucune vie propre, aucune personnalité ; il n'est qu'une copie, une copie mal faite, à laquelle le rabbin de La Mecque a donné une forme anti-chrétienne, immuable chez les musulmanisés, et qui, de ce fait, rend pour toujours impossible le moindre rapprochement avec le christianisme.

Pour s'unir à l'Islam arabe, les chrétiens devraient auparavant le circoncire de son venin. C'est bien des chrétiens que le rabbin écrit dans ses *Actes, sour.* IX, 30 :

« *Que Yahwé les tue ! Combien ils s'écartent de la vérité !* »

Tant que les musulmanisés n'auront pas épuré leur pseudo-Coran, on perd absolument son temps en cherchant à constituer un bloc christiano-musulman Un de mes buts principaux a été d'étouffer précisément ces folles ambitions et mes lecteurs l'ont parfaitement compris :

« *Votre travail*, m'écrit-on le 14 juin 1956(101) *soulagera un certain nombre de missionnaires qui rongent leur frein en entendant tant de louanges à l'égard du Coran et de l'Islam, louanges dont on est plus avare vis-à-vis du Christ et de l'Église.*

« *Telle est la conclusion du livre dont nous avons cru devoir donner connaissance pour éviter aux catholiques la déconvenue d'impossibles accords* (102). »

Je considère donc comme un des premiers résultats de mon étude d'avoir démontré l'inutilité des efforts de certains hommes ou même de certaines congrégations religieuses, travaillant en vain à un rapprochement impossible entre chrétiens et musulmans.

Les réunions de Kouba, de Paris, de Fribourg en Suisse, Tioumliline (première manière), les réactions irréfléchies et vraiment retardataires de certaines personnalités du monde religieux, ne peuvent aboutir qu'à des échecs complets et constants. On n'a jamais pu unir les contraires. Le point central dans ces rêves d'union ne consiste pas dans les bons rapports entre personnes. Ces bons rapports entre chrétiens et musulmanisés ne sont, certes, pas répréhensibles ; ils sont même souhaitables. Mais ne soyons pas dupes. Ces rapports de politesse et de courtoisie ne conduisent à rien, à rien d'essentiel ; ils ne sont d'aucun secours pour un rapprochement doctrinal. Au contraire, la continuité de bon voisinage finit par endormir ou émousser les esprits, par faire oublier le seul problème qui existe entre musulmanisés et chrétiens, le problème doctrinal. Les bons rapports ne mènent, et ne mèneront

---

101 — Cette lettre m'a été envoyée par un religieux missionnaire.
102 — *Nouvelles de Chrétienté*, 14 juin 1956.

jamais à rien, tant qu'il n'y aura pas d'union doctrinale : or, c'est cela précisément qui est impossible.

> *« Je ne comprends pas,* m'écrit un évêque, le 24 novembre 1956, *l'inconsciente indulgence de certains prêtres qui feignent de croire à l'Islam comme à une religion valable pour le salut de l'humanité. Haïr l'erreur et aimer les hommes qui sont dans l'erreur est un principe de charité ; montrer de la bienveillance pour l'erreur sous prétexte d'être bienveillant pour ceux qui sont dans l'erreur, c'est épouser l'erreur. Pour être délivré de l'erreur, l'Islam a besoin de lumière, de vérité, et non de complaisance qui est une fausse charité. »*

À tout prendre, les opinions moins nuancées de nos anciens sont peut-être dans leur fond plus justes que les dissertations apparemment savantes de nos modernes. Un de mes correspondants m'envoie à ce sujet la copie d'une page de l'*Histoire de l'Église* de Lhomond, éditée chez Marne, à Tours :

> *« En 612, Mahomet s'érigea en prophète. Il naquit à La Mecque. Son père était païen et sa mère était juive. Il perdit l'un et l'autre encore très jeune, et fut élevé par un oncle qui le mit dans le commerce... On voit par quel moyen sa secte s'est répandue. C'est à la violence et à l'amour du plaisir qu'elle doit ses succès. Mahomet a établi sa religion en lâchant la bride aux passions, en égorgeant ceux qui refusaient de l'embrasser. Les apôtres, au contraire, ont établi la religion chrétienne, en mettant un frein à toutes les passions et en se laissant égorger. Il n'y a rien que d'humain d'un côté, et tout est manifestement divin de l'autre. »*

Le raisonnement ne semble pas plus sot que celui de nos savants !

Le même aimable correspondant m'envoie la petite *Histoire Ecclésiastique* de l'abbé Maunoury, 21ᵉ édition aujourd'hui introuvable, Paris, J. de Gigord, pour me permettre de lire le chapitre consacré à Mahomet, p. 56-57 :

> *« Cet homme extraordinaire,* lisons-nous dans ce manuel, *descendait d'Ismaël, fils d'Abraham ; il naquit à La Mecque, d'un père païen et d'une mère juive. Ce ne fut qu'à l'âge de 40 ans qu'il commença à faire le prophète et à se dire publiquement l'envoyé de Dieu. Ses concitoyens qui le connaissaient pour un débauché, ne crurent point à sa prétendue mission, et ils voulurent l'arrêter. »*

Sans admettre les données historiques de MM. Lhomond et Maunoury, je ne vois pas scientifiquement pourquoi je préférerais à leurs données même un peu simplistes les élucubrations de nos modernes apologètes ou syncrétistes de nos générations mal équilibrées dans ce domaine (103).

---

103 — Nous venons de dire quelques mots sur le problème christiano-musulman. Il y aurait à parler aussi du problème franco-musulman, qui constitue d'ailleurs un faux problème. Ce qui manque à notre génération de jeunes, c'est de savoir définir.

CHAPITRE X

ÉPILOGUE

Les Chrétiens ont dit : « *Le Messie est fils de Yahvé* ».
Tel est ce qu'ils disent de leurs bouches. Ils imitent le dire de ceux qui furent infidèles antérieurement. Que Yahwé les tue ! Combien ils s'écartent de la vérité ! » (*Sour.* IX, 30). C'est bien l'extermination des chrétiens par le glaive que le rabbin recommande aux musulmanisés arabes. Que Yahvé tue ces renégats qui ont travesti et corrompu la grande révélation du mont Sinaï. Jamais, même au temps des Croisades, les chrétiens n'ont cherché à exterminer les musulmanisés ! Loin de ma pensée de vouloir déclarer une guerre contre l'Islam arabe ! Je ne lutte pas contre les musulmanisés. Je compte parmi eux de nombreux et fidèles amis, de vrais amis qui connaissent mon désir de les éclairer, de les arracher à l'erreur (104). Ce n'est pas le problème des

---

104 — Plusieurs musulmans, étudiants de nos Universités, ont déjà remercié H. Zakarias d'avoir libéré leur esprit. Un musulman turc m'écrit par ailleurs :
« *Chère Madame, il est fort probable que nous ne soyons pas d'accord sur certains point de votre étude, mais je suis certain qu'elle suscitera beaucoup d'intérêt parmi nos islamologues. Je ne sais pas qu'elle* (sic) *a été la réaction des milieux égyptiens et pakistanais plus versés dans la connaissance de l'Islam que le monde turc d'aujourd'hui. Également le point de vue soviétique est à savoir... Avec l'espoir de vous écrire encore, je vous transmets, chère Madame, mes sentiments très distingués...* »
On avait offert à M. H. Zakarias de bien vouloir avoir la gentillesse d'accepter de faire partie du Comité de patronage de l'Université internationale (de Tanger),

personnes que j'ai voulu traiter dans mes ouvrages. Les musulmanisés, je les aime plus que tous ceux qui les flattent, ou leur cachent la vérité. C'est au problème doctrinal que je me suis attaqué, après de longues années de méditation. En m'adressant aux musulmanisés de tous pays et de toutes races, je leur dis : attention, vous êtes dans l'erreur.

Réfléchissez sur votre naissance.

Réfléchissez sur ces tas de langes qu'on a jetés sur votre berceau.

Ne vivez plus dans une insouciante crédulité.

Beaucoup parmi vous commencent à soupçonner que les chefs religieux manquent de dignité en faussant les motifs de crédibilité. Beaucoup parmi vous commencent à prendre conscience des manœuvres des oulémas politiciens(105) pour se maintenir dans leurs privilèges sociaux, tout en conservant leurs coreligionnaires dans l'erreur et une quasi totale pénurie intellectuelle. De-ci, de-là, on commence à percevoir des poussées d'esprit critique, des pointes de désirs d'exégèse et de réflexion. Des jeunes se lèvent, qui veulent comprendre. Les musulmanisés Nord-Africains (marocains, tunisiens, lybiens, égyptiens) encroûtés depuis des siècles, éprouvent plus de difficultés à se soulever de l'ignorance dans laquelle ils sont enfouis ; mais les musulmanisés de l'Afrique noire, qui s'éveillent plus rapidement à la civilisation, généralement plus travailleurs et plus désireux de s'instruire, se montrent déjà plus exigeants dans l'étude des motifs de leur foi. Se convertissant à l'Islam arabe, à cause de son peu d'exigence morale, ces musulmanisés

---

en voie de formation (décembre 1956) et dont les objectifs primordiaux sont de donner une formation accélérée à de jeunes élites musulmanes, dans le but de les mettre rapidement en mesure d'être à la hauteur morale et technique « que postule l'essor du Royaume Chérifien. » Faisaient déjà partie de ce comité MM. André D. Toledano, professeur à l'Institut catholique de Paris, secrétaire général de l'Alliance universelle pour l'amitié internationale par les religions (!!!) ; le baron Jacques Benoist-Méchin, etc. ... Pour des raisons radicales, H. Z. n'a pu s'agréger à ce groupe éminent et n'a pas pu, par conséquent, contribuer à cet apostolat si constructif pour le royaume chérifien !

105 — Ils l'étaient déjà à l'époque des almohades ; battus en brèche au début de la période almoravide, ils réussirent à reconquérir leur pouvoir, en repoussant loin de l'Islam berbère le courant philosophique.

sénégalais, congolais et autres, l'abandonneront plus facilement à cause de leur propre exigence intellectuelle, dont nous percevons déjà certains signes. C'est pour éveiller cette poussée intellectuelle et critique que j'ai consacré de nombreuses années de mon existence à l'étude des dérivations de l'Islam originel. C'est donc une grande preuve d'amitié et de confiance que j'ai voulu donner à ces masses d'égarés, en les engageant à se libérer de cette gangue d'ignorance dans laquelle des politiciens trop intéressés s'obstinent à les maintenir.

On ne manquera pas de m'accuser de vous avoir arraché à votre foi et de vous avoir ainsi jetés dans le communisme. C'est là un nouveau sophisme de vos ennemis. Loin de vouloir vous arracher à la foi, je veux au contraire l'enraciner davantage en vous, en la détournant de toutes les fictions dont on vous leurre et en lui donnant un objet véritablement valable. Ma tâche est remplie : je vous ai démontré, frères musulmanisés, qu'on vous laissait croupir dans un bluff éhonté. À d'autres, maintenant, de vous indiquer en toute amitié, en toute charité, le véritable chemin. Conservez votre esprit religieux ; mais donnez à votre foi un objet de vérité. Lisez l'*Ancien Testament* ; lisez le *Nouveau Testament* qui vous fera connaître la douce figure du Christ Jésus qui vous appelle et que vous recherchez dans l'intime de vous-mêmes.

Le travail que je viens d'accomplir, c'est pour vous que je l'ai accompli, pour répondre à votre appel de vérité. C'est le plus grand témoignage que j'aie pu vous donner, en vous éclairant sur les faux prophètes qui vous entourent et qui vous trompent. À d'autres maintenant de vous donner la lumière directe. C'est entre les mains dévouées de vos missionnaires que je vous remets. Puissent-ils vous conduire vers la totale vérité.

Frères musulmanisés, écoutez-moi ; Dieu s'est d'abord manifesté à sa créature par sa Parole créatrice : on l'entendit sans le voir. Jamais personne dans l'*Ancien Testament* n'a vu Dieu : Moïse n'a pas vu Yahvé ; jamais un Juif n'a vu le Tout-Puissant. Jamais un Juif n'a consenti à représenter en sculpteur le Créateur de l'Univers. Le judaïsme a évolué dans la pensée pure, et quasi-abstraite. Avec le christianisme, la Parole s'est faite chair, et en même temps l'art religieux prit naissance. Les disciples ont vu de leurs yeux, ont palpé de leurs mains, la Parole incarnée. Par son habitation parmi nous, le Verbe de Dieu a changé la face du monde. Le fond de l'âme humaine prit un contact réel et palpable avec son Dieu. L'histoire religieuse de l'humanité est marquée par deux états de la Parole de Dieu ; la Parole créatrice :

« *Dieu dit : Que la lumière soit ; et la lumière fut* » *(Genèse I, 3)* ;

et la Parole rédemptrice :

« *Et le Verbe s'est fait chair et il a demeuré parmi nous* » *(S. Jean, I, 14).*

Ces deux étapes, frères musulmanisés, sont notées d'une façon si grandiose dans l'Évangile de saint Jean !

« *La loi* », votre Loi, « *fut donnée par l'intermédiaire de Moïse, la grâce et la vérité nous sont venues par Jésus-Christ. — Nul n'a jamais vu Dieu ; le Fils Unique qui est dans le sein du Père, Lui, L'a fait connaître* » *(S. Jean, I, 17-18).*

Avec Moïse, on ne voit pas Dieu, on l'entend. Avec Jésus fils de Marie, on entend Dieu et on le voit. Avec Mohammed, on ne voit pas Dieu, et on ne l'entend pas. On n'entend qu'un rabbin. Jamais Dieu n'a fait à Mohammed la moindre révélation nouvelle. Lisez bien, chers musulmanisés de toutes races, votre pseudo-Coran. Ce livre qui vous reste et qui n'est pas le Coran, lisez-le ; comparez-le à l'*Ancien Testament* et notez sur une feuille blanche les nouveautés que vous y trouverez. Votre feuille restera éternellement blanche. Libérez-vous donc du carcan religieux qu'on vous impose ; rejetez loin de vos esprits toutes les légendes dont on vous abreuve depuis des siècles. Cherchez votre liberté dans la Vérité, chers musulmanisés.

Cette liberté dans la Vérité, je l'ai reçue comme suprême don de Dieu. Pourquoi l'ai-je reçue ? Pourquoi tant de générosité de la part du Tout-Puissant ? Beaucoup de lecteurs m'ont posé la question. Beaucoup d'entre eux ont eu la gentillesse de m'écrire que j'avais libéré une partie de l'humanité. On m'a écrit, dit et répété :

« *Votre œuvre aura toute son efficacité dans deux siècles. C'est lui qui révélera dans quelques siècles la vérité à des millions d'hommes.* »

Je vous remercie, mon Dieu, de m'avoir permis, par Vous, de jeter un peu de lumière en ce monde ; merci, mon Dieu, d'avoir « libéré le bassin méditerranéen ». Je ne comprends pas la grâce que vous m'avez donnée, mais je me prosterne, comme nos frères, devant votre souveraine majesté.

ADDENDA

RÉFLEXIONS FINALES

*U*N correspondant m'envoie cette réflexion :

1. — Un certain nombre de prêtres plus zélés que prudents et peu avertis des véritables problèmes islamiques font penser à l'attitude de certains hommes mariés qui entretiennent une maîtresse. Si on insiste auprès d'eux pour les engager à quitter cette maîtresse, ils vous répondront qu'ils ne le peuvent pas, que pour rien au monde ils ne voudraient faire la moindre peine à une femme ! Ils oublient simplement qu'ils ont leur propre femme et que c'est à elle tout d'abord qu'ils ont promis fidélité. On trouve malheureusement des prêtres quelque peu désaxés qui, au nom de la charité chrétienne, n'hésitent pas à soutenir les égorgeurs de leurs frères. Qu'ils pensent sérieusement au texte du pseudo-Coran, relatif aux Chrétiens :

« *Qu'Allah (= Yahwé) les tue* ». *(Sour.* IX, 30*).*

Qu'on se rappelle aussi l'émouvant dialogue entre S. Pie X, alors évêque de Mantoue et le jeune bibliothécaire de l'Ambrosienne qui devait devenir pape sous le nom de Pie XI :

« *Il y a une civilisation chrétienne* dit le bibliothécaire Achile Ratti, *mais il faudra de plus en plus instiller à tous les hommes, k christianisme à l'état pur.* » « *Pas facile,* interrompt le Pasteur de Mantoue, *le péril qui nous guette, c'est la falsification du christianisme. Il nous faudra des chrétiens racés* ». « *La denrée en est rare,* dit l'érudit, ajoutant : *Mon Dieu, que je plains les papes de demain ». (Dialogue cité dans* La Pensée Catholique, *n° 57-58, 1950, p. 133-134, compte-rendu du livre de Michel Fontbel,* Les Fioretti de Pie X, *id. Les Éditions Palatines, 46-48, rue du Four, Paris (6ᵉ).*

2. — À la date du 28 décembre 1958, un évêque missionnaire m'écrit :

« *Cher Monsieur, mon néophyte (instituteur musulman, ayant reçu le baptême) a lu votre ouvrage, mais il veut l'avoir dans sa bibliothèque, afin, dit-il, de pouvoir en discuter avec ses ex-coreligionnaires et au besoin le leur prêter. Ce n'est pas votre livre qui a été à l'origine de la conversion de ce jeune homme, mais il a grandement contribué à lui faire comprendre l'absurdité de l'Islam J'ai lu ce que j'ai pu trouver sur l'Islam et je regarde vivre les musulmans. Je vous avoue que je me suis mis plusieurs fois à la lecture du Coran, et que je n'ai jamais eu le courage d'aller jusqu'au bout. Ce que j'en trouve de bon me paraît du copiage ; le reste n'est pas fameux.* »

— Autre lettre du 15 décembre 1958 :

« *J'ai bien reçu* De Moïse à Mohammed. *Ce qu'on m'en lit me passionne et me fait sentir que jamais depuis 7 ans, je n'ai tant regretté de ne pouvoir plus me servir de mes yeux. Je vous suis infiniment reconnaissant de m'avoir fait parvenir ces deux livres dont je parle autour de moi, en signalant combien, en ces moments cruciaux pour l'avenir de l'Afrique, il est de toute nécessité pour un catholique de savoir exactement ce qu'est en réalité l'Islam.* »

— Autre lettre du 3 janvier 1959, d'un très haut personnage de l'école laïque :

« *Je vous envoie mes très vives félicitations pour l'énorme travail que vous avez mené à bien et pour la force de votre démonstration. J'étais déjà intimement convaincu des relations très étroites entre le judaïsme et l'Islam ; j'en possède maintenant la démonstration intellectuelle, grâce à vous.* »

3. — « *Je constate*, m'écrit-on d'Algérie le 30 septembre 1958, *qu'on diffuse chaque jour le Coran pendant 38 minutes, le matin, 28 minutes, de 6h32 à 7h et le soir, 10 minutes de 22h50 à 23h. Je n'avais jamais remarqué la chose auparavant. Je crois que c'est du nouveau. Toujours la même flagornerie à l'égard de l'Islam !* »

4. — Une nouvelle nous parvient de Jérusalem (Israël), le 28 décembre 1958, qui offre de grandes perspectives d'avenir : Un comité « pour la compréhension entre les différentes religions en Israël et dans le monde » vient d'être constitué à Jérusalem et sa première réunion plénière se tiendra lundi.

Ce comité, constitué avec l'appui du ministère des Affaires étrangères israélien, se chargera de coordonner les efforts pour régler un certain nombre de conflits qui opposent en Israël les juifs fidèles à la religion israélite à ceux qui se sont convertis au christianisme, de même qu'aux autres communautés chrétiennes.

On estime, d'autre part, que les travaux du comité devraient permettre « une meilleure entente entre Israël et le Vatican ».

5. — Au moment de faire ronéotyper cette « *Lettre à mes lecteurs* », je reçois le n° 57-58 de *La Pensée Catholique*. Les Éditions du Cèdre, 1958, qui contient sur mon travail une très substantielle étude de J. Bertuel, intitulée *L'Islam, entreprise juive*, pp. 87-101.

> *« Sans se perdre dans les fourrés d'une érudition réelle, mais toujours bien maîtrisée, Hanna Zakarias entend avancer pas à pas, sur un terrain soigneusement déblayé. Il prend donc son lecteur par la main et, ensemble, ils comptent les bornes. Le caractère pédagogique de l'ouvrage est aussi une de ses particularités. Hanna Zakarias aime poser ses jalons, les enfoncer, y revenir encore pour s'assurer qu'ils sont bien en place et, de temps à autre, faire une étape pour considérer le travail accompli. Style tour à tour incisif, ironique, sans tendresse pour les critiques qui ne critiquent rien du tout et pour les « érudits qui ne lisent pas les textes », répétitions renforcées, tout donne l'impression que Hanna Zakarias laisse courir sa plume sans se relire, sans souci d'élégance. À la vérité, la forme ne le préoccupe guère :*
>
> *« Le travail le plus difficile, en matière Coranique, c'est de se replacer tout simplement en face des textes : C'est dans la nudité de l'esprit que se font les véritables méditations »* (pp. 88-89).
>
> *« Hanna Zakarias, et avec lui beaucoup d'autres, ne croit ni en Allah, ni au « Prophète Mohammed ». Mais il n'essaie pas de ménager la chèvre et le chou, ni ne bafoue la vérité en faisant semblant de croire à l'erreur sous le fallacieux prétexte de respecter « la sincérité des croyants ».*

Il s'en tient au texte du Coran (il faudrait dire du Pseudo-Coran), « à sa genèse, à son développement interne, à ses raisons d'exister » (ou de disparaître en tant que « Coran ») (p. 89).

« Quel est donc cet étrange maître qui, fixé à La Mecque, enseigne la Tora à un jeune caravanier, traduit pour lui l'hébreu en arabe, le pousse à engager la lutte pour la conversion des idolâtres, dirige le combat en véritable stratège, avec souplesse et obstination, laissant parfois percer son mépris pour ces goïm ignares et sensuels, leur promettant tout ce qu'ils voudront, y compris un lupanar éternel, pourvu qu'ils ploient les genoux devant Yahwé, qu'ils deviennent des Soumis à l'Unique, des Mouslimina, à l'exemple du premier Soumis, du premier Musulman : Abraham ?... Pour les musulmans et pour tous ceux qui respectent leur sincérité en faisant semblant de croire au Coran, cet instructeur n'est autre qu'Allah ! Pour Hanna Zakarias, et pour ceux qui respectent les textes, un tel instructeur ne saurait être qu'un juif : un apôtre intelligent et zélé du judaïsme. Pourquoi pas un rabbin ? Le rabbin de La Mecque ? L'étendue de sa science serait un argument de poids. Et nous voici en présence des résultats du travail de Hanna Zakarias : au début du VIIe siècle, un prédicateur juif, un rabbin, conçoit le projet grandiose de convertir les arabes à la religion d'Israël » (p. 91-92).

« Il faut donc lire l'ouvrage d'Hanna Zakarias pour en apprécier la marche assurée et la solidité des conclusions essentielles. Il est possible de discuter quelques points de détail, des inductions de peu d'importance ; il semble difficile, pour ne pas dire impossible, de rejeter en bloc les conclusions d'un pareil travail, conclusions qui ont amené Hanna Zakarias à qualifier l'Islam : « Le plus grand bluff de l'histoire » (p. 99).

« Quant à l'accusation d'ignares, à l'égard des musulmans, aujourd'hui où l'on n'entend plus parler que d'émancipation, de maturité politique ou autre, des respects des droits ; aujourd'hui où quelques uns d'entre eux viennent étudier dans nos facultés, sur les mêmes bancs que des étudiants noirs dont les pays subissent l'assaut de l'Islam, NOUS DEMANDONS SIMPLEMENT QU'ON EN FINISSE DE LES TRAITER COMME DES ENFANTS EN LES BERNANT AVEC DES CONTES DE NOURRICE ; QU'ON VEUILLE BIEN LES CONSIDÉRER COMME DES HOMMES, CAPABLES DE CHERCHER LA VÉRITÉ ET DE LA RECEVOIR, CAPABLE D'ACCEPTER QU'ON LES AIDES À LA TROUVER. *Si injure il*

y a, ils s'apercevront qu'elle vient du côté des « critiques » qui font des contorsions grotesques pour faire semblant de croire aux révélations d'Allah et au prophétisme de Mohammed, alors qu'ils n'en croient pas un mot (les Musulmans exceptés). Ils n'en croient pas un mot : car, parmi eux, les mêmes qui font, ou sont prêts à faire, de la haute voltige intellectuelle pour enlever tout caractère surnaturel à l'Évangile, ou pour atténuer ce caractère, font des prodiges du même ordre, mais en sens inverse, pour trouver au faux Coran un caractère surnaturel qui lui fait complètement défaut. Ces gens-là se moquent du monde, et il fallait le leur dire. Il fallait le leur dire, après l'avoir prouvé.

Hanna Zakarias a fait l'un et l'autre » (p. 101).

Table des matières

Chapitre premier
Le vrai Mohammed et le faux Coran 7
Chapitre II
Amorce d'un vocabulaire nouveau islamique 24
Chapitre III
Égarement de l'opinion par l'usage abusif d'expressions
et de notions erronées 31
Chapitre IV
Certains membres du clergé catholique au secours de l'islam arabe 43
Chapitre V
Réaction massive des catholiques contre cette fausse manœuvre 56
Chapitre VI
Prises de position publiques 78
Chapitre VII
Islam et critique historique 93
Chapitre VIII
Le rabbin de La Mecque 103
Chapitre IX
Le problème du rapprochement christiano-musulman 113
Chapitre X
Épilogue 131
Addenda : Réflexions finales 136

Retrouvez toutes nos publications sur les sites

- vivaeuropa.info
- the-savoisien.com
- pdfarchive.info
- freepdf.info
- aryanalibris.com
- aldebaranvideo.tv
- histoireebook.com
- balderexlibris.com

Librairie Excommuniée Numérique CULUS (CUrieux de Lire des Usuels)

www.ingramcontent.com/pod-product-compliance
Lightning Source LLC
LaVergne TN
LVHW091554060526
838200LV00036B/839